Spreewald – Das Kochbuch

Peter Becker, Peter Franke

ISBN 978-3-86037-629-4

1. Auflage

Lüchower Straße 13a, 29459 Clenze
Telefon (0 58 44) 971 16-0, Telefax (0 58 44) 971 16-39
mail@limosa.de, www.limosa.de

Redaktion:
Texte: Peter Becker; Rezepte: Peter Franke

Lektorat und Korrektorat:
Ulrike Kauber

Satz und Layout:
Zdenko Baticeli, Lena Hermann

Unter Mitarbeit von:
Karin Monneweg

Gedruckt in der Europäischen Union

Peter Becker, Peter Franke

Spreewald
Das Kochbuch

Unterwegs auf der Radduscher Kahnfahrt

Stadtschloss Vetschau

Geschichten und Erzählungen

An den Stradower Teichen

Spreewälder Herbst: Straße nach Byhleguhre

Mit dem Kremser zur Leiper Dubkowmühle

Inhaltsverzeichnis

Wenn nicht anders vermerkt, sind alle Rezepte für vier Personen ausgelegt.

Naturbelassenes Kornfeld bei Koßwig

Regionale Küche und regionales Leben rücken in den Mittelpunkt

Ziel des nunmehr dritten Buches der beiden Autoren soll sein, die besten und bewährtesten Rezepte aus den vorangegangenen Werken mit neuen Geschichten zu einem eigenen Werk zu kombinieren. Die Resonanz aus Spreewaldkochbuch (2009) und dem Buch Spreewald kulinarisch (2015) führte zur Erkenntnis, noch einmal die besten Rezepte aus beiden Büchern in einem Werk zu vereinen, in einem »best of«. Spreewaldkoch und Kräuterexperte Peter Franke hat sie nach Beliebtheit, nach ihrer einfachen Machbarkeit und vor allen Dingen ihrem gesundheitlichen Wert ausgewählt.
Wie schon im inzwischen vergriffenen ersten Spreewaldkochbuch lockern aktuelle Texte und Fotos von Peter Becker den Rezeptteil auf. Dabei geht es im Kern um traditionelle, handwerkliche Verfahren, die die Spreewaldregion seit Jahrhunderten prägten. Eine Kornmühle wird ebenso vorgestellt, wie ein Landwirt mit seinen bewährten und mit neuen Erkenntnissen kombinierten Anbaumethoden. Der Leser erfährt, wie ein die Landschaft prägender Heuschober entsteht, wie alte Streuobstwiesen neue Besitzer erhalten und er erfährt, wie die in der fischreichen Spreewaldregion erzielten Fänge ihre Abnehmer finden. Der abgeschiedene und durch zahlreiche Fließe und Kanäle zertrennte innere Spreewald lässt auch reichlich Wild gedeihen – mit Vorteilen für Jäger und Verbraucher, aber auch mit Nachteilen für Landwirte und Kleingärtner. Das Haupttransportmittel im Spreewald, der Kahn, steht ebenfalls im Mittelpunkt einer Betrachtung. Während er früher fast ausschließlich für Transporte von Vieh und Futter genutzt wurde, ist er heute im Tourismusgeschäft nicht mehr wegzudenken. Verschiedene Bauformen konkurrieren und ergänzen einander, nur ganz wenige Menschen beherrschen die Kunst des Kahnbaus.

Die Autoren

Peter Becker
ist Jahrgang 1948. Die Auseinandersetzung mit der Allmacht der Natur, die Abhängigkeit und die Beschwerlichkeit des abgeschiedenen ländlichen Lebens haben seine Einstellung zur Natur geprägt. Wann immer es geht, ist der ehemalige Lehrer und Schulleiter mit dem Fotoapparat unterwegs und hält die Geschichten der Menschen fest. Er hat bereits zahlreiche Werke publiziert.

Peter Franke
ist Jahrgang 1954. Er ist kulinarischer Botschafter des Spreewaldes und Verfechter regionaler Wirtschaftskreisläufe. Im Spreewälder Landgasthof und Hotel zum Stern in Werben bei Burg köchelt er mit viel Herz für Spreewälder Gastlichkeit und Kochkunst.
Zu Kräutern hat Peter Franke eine besondere Beziehung: In seiner Kräutermanufaktur in Burg sammelt und konserviert er, was der Spreewald hergibt. In seinen Werkstätten gibt er sein Wissen weiter.
Sein Motto: Man wird nur gut kochen, wenn man seine ganze Kraft und Seele in den Kochtopf wirft.

Naturhafen Raddusch

Vorspeisen und Salate

Spreewälder Kartoffelsalat

Von Ingrid Maske aus Forst

1,5 kg Kartoffeln	kochen, schälen und in Scheiben schneiden.
1 Zwiebel	
1 mittelgroße grüne Gurke	schälen, in Würfel schneiden.
1 Salzdillgurke	in Würfel schneiden. Alle Zutaten in einer Schüssel vermengen. Mit
2 EL Essig, 1 EL Öl	
je 1 Msp. Salz, Zucker	abschmecken.
2 EL Petersilie (gehackt)	untermischen und den Salat 1 Stunde ziehen lassen.

Kürbis-Carpaccio

4 kleine Zucchini	waschen, Blütenansatz entfernen und in sehr dünne Scheiben hobeln.
500 g Muskatkürbis	schälen, entkernen und das Fruchtfleisch hauchdünn schneiden. Sternförmig auf 4 Tellern anrichten. Dann
1 Stange Staudensellerie	waschen und klein schneiden.
2 Knoblauchzehen	schälen, klein hacken und mit den dünnen Selleriehalbmonden über Kürbis und Zucchini streuen.
2 EL Zitronensaft, 4 EL Öl	und
Salz, Pfeffer	zu einer Marinade verrühren.
Je 1 Bund Petersilie, Dill	waschen, hacken, in die Marinade rühren, auf den Tellern verteilen.

Mit Blüten dekorieren.

Meerrettich-Apfel-Schnee

Der Spreewälder Meerrettich ist eine ganz eigene Pflanze. Vom Geschmack schärfer als herkömmlicher Meerrettich, treibt er gerieben gerne mal Tränen in die Augen. Doch für die Gesundheit ist er von unschätzbarem Wert: Meerrettich ist die beste Grippeschutzimpfung und wurde schon immer als »Penizillin des Ostens« bezeichnet.

250 ml süße Sahne	steif schlagen und mit etwas
Puderzucker	leicht süßen. Mit sehr wenig
Salz	abschmecken.
4 Äpfel	schälen, die Kerngehäuse entfernen, fein würfeln und unterheben.
6 EL geriebener Meerrettich	ganz locker unter die Sahne mischen und gut durchziehen lassen.
5 Äpfel	4 Äpfel aushöhlen, aus dem fünften Apfel 4 schöne, nicht zu dicke Scheiben schneiden. Den Meerrettich-Apfel-Schnee in die Äpfel füllen und jeden Apfel auf 1 Apfelscheibe setzen.

Die Lausitzmetropole Cottbus (Altmarkt)

Das Spreewaldstädtchen Lübben von oben, aus der Paul-Gerhardt-Kirche gesehen

Brennnessel-Salat

Im Herbst wurde in den »Kochmaschinen«, den alten Küchenholzöfen, das Obst gedörrt. Was im Frühling übrig war, fand Verwendung im Brennnesselsalat.

200 g Backobst (z.B. Aprikosen, Birnen, Pflaumen)	waschen, abtropfen lassen und in eine Schüssel legen.
250 ml Weißwein	darübergießen und das Obst etwa 12 Stunden ziehen lassen. Danach die Früchte herausnehmen und in Streifen schneiden. Den Wein aufheben.
500 g frische, zarte Brennnesselblätter	waschen und trockentupfen. Eine Salatschüssel mit
1 Knoblauchzehe	ausreiben. Nun
1 EL Weinessig	
1 EL Öl	
1 TL Zucker	
Salz, schwarzer Pfeffer	mit dem Weißwein vermengen. Brennnesseln und Backobst vorsichtig dazugeben und untermengen, mit
Gänseblümchen	garnieren.

Weidebetrieb am Vetschauer Mühlenfließ

Wildkräuter mit gemischtem Salat

Die Wiese auf dem Teller ...

1 Salatgurke	waschen und nach Belieben klein schneiden.
1 Bund Radieschen	waschen, von
4 Tomaten	den Strunk herausschneiden und
1 Zwiebel	abziehen. Radieschen, Tomaten und Zwiebel fein würfeln und mit den Gurkenstückchen in eine Schüssel geben. Aus dem Saft von
1 Zitrone	
Salz	und
3 – 4 EL Rapsöl	eine Marinade rühren.
50 – 60 g Wildkräuter	waschen, trockenschleudern und ganz fein schneiden. Alles vermischen.

Für die Wildkräuter eignen sich z.B. Giersch, Löwenzahn, Schafgarbe, Sauerampfer, Klee, Gänseblümchen und Brennnessel.

Sauerkrautsalat mit Rosinen

150 g Quark	mit
250 ml Milch	geschmeidig rühren.
3 EL Öl	
Pfeffer, Zucker	und
1 EL Meerrettich (gerieben)	dazugeben und untermischen.
500 g Sauerkraut	klein schneiden, zugeben und vermischen.
3 EL Rosinen	gut waschen, in Wasser einweichen und zum Schluss unter den Salat mischen.

Ob mit Apfel oder Birne, Pflaumen oder Weintrauben ... Sie können diesen Salat vielfältig variieren. Der Fantasie sind keine Grenzen gesetzt!

Schafskäse in Leinöl (für eine Person)

Von Ina Zimmermann aus Cottbus

250 g Schafskäse	in Würfel schneiden, in eine Schüssel geben.
2 Knoblauchzehen	schälen, dazugeben.
1 Chilischote	
je 1 TL Thymian, Bohnenkraut, Pfefferkörner, Rosmarin	hinzufügen. Mit
100 ml Leinöl	übergießen, 3 Tage im Kühlschrank ziehen lassen.

Servieren Sie dazu dunkles Brot.

Melde und Leinöl?

Bei dieser Namenskombination denkt der Leser wohl eher an einen anderen Zusammenhang: »Es soll wohl über acht Ecken eine verwandtschaftliche Beziehung zur berühmten Cottbuser Firma gegeben haben, die bis 1996 bestand, aber erforscht ist das nicht«, erzählt der Babower Hugo Melde, Jahrgang 1956. »Ich bin selbstständiger Landwirt seit Februar 1989. Noch zu DDR-Zeiten habe ich mich auf eigene Füße gestellt, nachdem ich LPG-Vorsitzender war und einfach eine Veränderung wollte.« Nach einem Vierteljahrhundert steht langsam wieder eine Veränderung an: Tochter Anica ist bereit, in seine Fußstapfen zu treten, mit ihr auch Henry Gullasch, der Schwiegersohn. Die Tochter, eine studierte Medien-, Kultur- und Eventmanagerin und ihr Ehemann, ein gelernter Zimmermann, sehen ihren Lebensmittelpunkt in der ökologischen Landwirtschaft. Hugo Melde wird seinen Betrieb aufteilen, der klaren Abgrenzung wegen, und um den jungen Leuten ihren Verantwortungsraum zu überlassen. Das junge Paar übernimmt nicht nur Verantwortung, sondern auch die väterliche Zielstellung. Dessen Credo lautet nämlich, dass Lebensmittel Mittel zum Leben sind und nicht sorgfältig genug produziert werden können – sprich, konsequent nach ökologischen Richtlinien erzeugt werden müssen. Dazu gehört auch der Anbau alter Kulturen, wie die zu Unrecht in Vergessenheit geratene Hirse, der Dinkel und der Lein. Letzterer wäre fast auf den Spreewälder Fluren verschwunden, wenn nicht der Ruf nach einheimischen Produkten immer lauter geworden wäre. Spreewälder Leinöl war inhaltlich nicht immer das, was zu vermuten gewesen wäre. »Einerseits war es der Mangel an Lein und andererseits der günstigere Preis, der die Ölmüller zu außerregionalen Anbietern ausweichen ließ«, entschuldigt sich Hugo Melde fast für die Erzeuger. »Inzwischen hat ein Umdenken eingesetzt, heimischer Lein wird vor dem aus Kasachstan, Indien oder Kanada immer öfter bevorzugt – auch wenn er teurer ist. Von ökologischen Gesichtspunkten (CO_2-Bilanz) mal völlig abgesehen.«

Blühender Lein, auch Flachs genannt

Die Pressrückstände,
Ölkuchen genannt, sind sehr nährstoffreich.

Mähdrescher beim Flachsdrusch

Frisch gepresst und gleich auf den Tisch – so schmeckt Spreewälder Leinöl.

Wachstum und Reifung des Leins erfolgen naturgemäß unterschiedlich, was den Drusch erschwert. Da die Pflanze auch wenig Blattwerk bildet, kommt Licht auf den Ackerboden – und lässt das Unkraut (Anica Melde: »Wir nennen es Bei- oder Wildkräuter«) sprießen. Ein Glyphosateinsatz oder ein anderes Mittel kommt für die Meldes noch nicht mal gedanklich in Frage. »Wer biologisch produzieren will, muss das in Kauf nehmen. Wir haben heute bessere technische Möglichkeiten als unsere Vorfahren, wir können das maschinell kompensieren«, so Henry Gullasch. »Vor der Aussaat, unbedingt am Gründonnerstag, so will es der alte Brauch, wird der Boden tief gepflügt, damit der fast unkrautsamenfreie Boden nach oben kommt,« ergänzt der Landwirt. Sieb- und Sortiereinrichtungen sind später den Erntemaschinen nachgeschaltet, ein aufwändiger Trocknungsprozess schließt sich an. Nach 110 Tagen ist dann die Ernte, wenn die Natur mitspielt. »Die Erträge sind nicht planbar und liegen zwischen 0 und 500 Kilogramm je Hektar«, so der Senior mit 25-jähriger Anbauerfahrung. Klar, dass dann der Preis wenigstens kostendeckend sein muss. »So lange der Kunde immer noch fragt, warum das so teuer ist, er aber nicht fragt, warum es in den Supermärkten so billig ist, haben wir noch ein Stück Aufklärungsarbeit vor uns«, erzählt Anica Melde, die junge Landwirtin.
Besonders beliebt ist das frische, kaltgepresste Leinöl. Es kommt nur grob gefiltert mit leichtem, aber wertvollem Bodensatz zum Verkauf. Das Öl enthält durch die Kaltpressung alle Inhaltsstoffe. Es wird ein paar Tage kühl gelagert und dann in Handarbeit in Flaschen abgefüllt. Die Verarbeitungsreste, der Leinkuchen, finden ebenfalls eine exklusive Verwendung: Die auf dem Babower Hof in Freilufthaltung schnatternden 200 Gänse werden so bestens auf ihre weihnachtliche Bestimmung vorbereitet.
Hugo Meldes Selbstständigkeit, die konsequente Hinwendung zum ökologischen Landbau, war eine richtige Entscheidung, wie er einschätzt. Und wer weiß? Vielleicht verbindet sich mit dem Namen Melde mal ein viel gesünderes Produkt als es früher beim »Melde-Korn« der Fall war, das »Melde-Öl«!

Tipp des Erzeugers: Leinöl stets dunkel, kühl und luftdicht lagern, die Flaschen können auch tiefgefroren gelagert werden. Sie platzen nicht, da sich das Öl, anders als Wasser, beim Erstarren nicht ausdehnt. »Unsere Vorfahren hätten sich über diese Lagermöglichkeit riesig gefreut – das ganze Jahr über frisches Leinöl«, so Hugo Melde.

Suppen und Eintöpfe

Magnolienblüte an der Radduscher Buschmühle

Spreewälder Biersuppe

300 g Roggenbrot	klein schneiden, in etwas
Wasser	weich kochen, durch ein Sieb streichen und in einen Topf geben.
4 Äpfel	schälen, entkernen und in Scheiben schneiden, dazugeben, mit
1 l Bier (dunkel, obergärig)	auffüllen.
2 Stangen Zimt	
50 g Zucker, 1 Msp. Salz	
200 g Rosinen	dazugeben, alles etwa 15 Minuten erhitzen, aber nicht kochen lassen.
2 Eier	trennen, die Eigelbe mit einigen Löffeln Suppe in einer Tasse verquirlen und unter die Suppe geben. Das Eiklar mit
200 g Zucker	sehr steif schlagen. Mit einem Teelöffel kleine Häufchen auf die angerichtete Suppe setzen und ziehen lassen.

Entenkleinsuppe mit Kohl und Meerrettich

Die Suppe ist die Mutter aller Gerichte im Spreewald und damit die beliebteste Speise überhaupt. Zu jeder Gelegenheit gibt es ein Rezept, jede Familie kocht ihr eigenes Süppchen. Ein unerschöpflicher Reichtum!

1 kg Entenklein (Hals, Flügel, Magen, Herz)	putzen, waschen und in einem großen Topf mit
2 l Wasser	ansetzen.
1 Möhre	
¼ Sellerieknolle	und
1 Zwiebel	putzen, ggf. waschen, klein schneiden und dazugeben. Mit
Salz	
1 Lorbeerblatt	würzen und 2 Stunden weich kochen. Die Brühe absieben und zur Seite stellen.
2 EL Öl	in einem Topf erhitzen.
4 Zwiebeln	abziehen, klein würfeln, dazugeben und anschwitzen.
1 mittelgroßer Kopf Weißkohl	in feine Streifen schneiden, dazugeben, mit
1 EL Zucker	im eigenen Saft dünsten. Dann mit
3 EL Mehl	bestäuben, braun rösten und mit der durchgeseihten Entenkleinbrühe auffüllen. Gut durchziehen lassen. Mit
Essig	
Salz, Pfeffer	abschmecken. Das Entenklein und das klein geschnittene Wurzelwerk dazugeben. Zum Schluss
1 Bund Petersilie	hacken und mit
4 EL Meerrettich	in die Suppe geben. Sehr heiß servieren.

Azaleenblüte in Lehde

Die Ankunft der Störche
steht für den Saisonbeginn im Spreewald.

Paul-Gerhardt-Kirche in Lübben

Die wendisch-deutsche Doppelkirche in Vetschau

Schloss Lübbenau

Brennnesselsuppe mit Getreide

Diese Suppe hat Biss und mit ihren vielfältigen Zutaten ist sie ein Geschmackserlebnis.

2 Hände voll Brennnesselblätter	kurz abwaschen und dann mit
1 l Wasser (kochend)	übergießen. 2 bis 3 Minuten ziehen lassen und das Wasser durch ein Sieb abgießen. Die Flüssigkeit nicht wegschütten sondern auffangen.
30 g Haferflocken	
30 g Gerstenschrot	
5 g Fenchelsamen	fein mahlen und vermischen. Das aufgefangene Brennnesselwasser zum Kochen bringen. Hafer, Gerste und Samen hineinrühren und einige Minuten köcheln lassen. Mit
Salz, Muskatnuss	würzen. Zum Schluss die blanchierten Brennnesselblätter fein hacken und dazugeben.

Man kann die fertige Suppe noch mit zwei bis drei Esslöffeln saure Sahne verfeinern.

Kürbissuppe mit Spreewald-Schinken

Der Kürbis zählt zu den Lieblingen der Herbstsaison. So wandlungsfähig ist kaum ein anderes Gemüse. Hier bringt der Schinken eine kräftige Note in die Suppe.

1 Zwiebel	und
1 Knoblauchzehe	abziehen und fein würfeln.
500 g Kürbisfleisch	ebenfalls würfeln. Alle Zutaten mit
2 EL Butter	im Topf andünsten.
500 ml Hühnerbrühe	aufgießen und 15 Minuten bei kleiner Hitze köcheln lassen. Die Suppe jetzt pürieren und mit
Salz, schwarzer Pfeffer	
Zucker	
Muskatnuss	abschmecken.
60 g Landschinken	in sehr feine Streifen schneiden, zugeben und
100 ml süße Sahne	dazugießen. Zur Garnierung
2 Salbeiblätter	klein schneiden und vor dem Servieren auf die Suppe streuen.

Kürbisernte – so mag es früher gewesen sein (Nachstellung).

Kalte Tomatensuppe mit Kräutern

1 kg reife Tomaten (oder 800 g Dosentomaten mit Saft)	frische Tomaten waschen, mit kochendem Wasser überbrühen, häuten und vierteln. Großzügig den Stielansatz entfernen.
2 große Zwiebeln	sowie
2 Knoblauchzehen	schälen und vierteln und mit den Tomaten im Mixer pürieren (oder mit Handmixstab pürieren).
8 Basilikumblätter	sowie
2 Thymianzweige	dazugeben und mitpürieren. Mit
Salz, Pfeffer	abschmecken.
4 EL kalt gepresstes Olivenöl	unterrühren. Gut durchkühlen lassen und mit
Basilikumblätter, Thymianzweige	garnieren.

Ein erfrischendes Sommergericht.

Kohlrübeneintopf mit Kasselerrippchen

400 g Kasselerrippchen	in einem großen Topf kochen, herausnehmen, auslösen und die Brühe passieren.
1,2 kg Kohlrüben	waschen, schälen und in kleine Stifte schneiden.
400 g Kartoffeln	waschen, schälen und in Würfel schneiden. Zusammen mit Kasseler und Kohlrüben in die Brühe geben. Mit
1 TL Kümmel	
Salz, Pfeffer	abschmecken und köcheln lassen.
80 g Speck (mager)	in Würfel schneiden, in einer Pfanne auslassen.
1 Zwiebel	schälen, würfeln, im Speck goldgelb anbraten, zum Eintopf geben.
1 Bund Petersilie	waschen, klein schneiden und über den Eintopf streuen.

Gemüsegerichte und Beilagen

Fahrradtourismus im Spreewald

Brokkoligemüse

1 Zwiebel	abziehen und würfeln.
1 Knoblauchzehe	mit
Salz	zerdrücken und zusammen mit den Zwiebelwürfeln in
2 EL Öl	andünsten, ohne dass sie Farbe annehmen.
700 g Brokkoli	waschen.
300 g Möhren	putzen, in Scheiben schneiden und mit den geputzten Brokkoliröschen dazugeben. Mit
Salz, weißer Pfeffer	sowie etwas
Essig	würzen und mit Wasser auffüllen, bis alles bedeckt ist. Etwa 10 bis 15 Minuten garen.
2 Scheiben Toast	in Würfel schneiden und in einer Pfanne mit etwas
Öl	goldbraun rösten.
5 EL süße Sahne	über das gegarte Gemüse gießen und mit
Salz, Pfeffer	nachschmecken. Vor dem Servieren die Toastbrotwürfel auf das Gemüse geben.
1 Bund Petersilie	klein hacken und über die Brotwürfel streuen.

Schmeckt zu Fleisch, Geflügel und Fisch.
Als Hauptgericht servieren Sie dazu Kartoffelstampf.

Zwiebelgemüse

Dieses Rezept ist für Hartgesottene. Bitte Taucherbrille bei der Zubereitung nicht vergessen!

1 kg kleine Zwiebeln	schälen. Größere Zwiebeln müssen in Ringe geschnitten werden, kleine ganz lassen. Die Zwiebeln in einen Topf geben, mit Wasser bedecken und mit
Salz, Zucker	
Essig	abschmecken und zum Kochen bringen. Sie müssen bissfest bleiben und dürfen nicht zerfallen. Die Zwiebeln zum Abtropfen auf ein Sieb geben (Flüssigkeit aufbewahren). Dann in einer Pfanne eine Mehlschwitze aus
100 g Mehl	und
125 g Butter	zubereiten und mit dem Zwiebelwasser auffüllen, so dass eine weiße, dickliche Soße entsteht. Schön durchkochen lassen. Mit
weißer Pfeffer	abschmecken und
2 EL saure Sahne	sowie
2 EL Kaffeesahne	darunterziehen, Zwiebeln vorsichtig hineingeben.

Für eine Grillparty ist das Zwiebelgemüse eine ausgezeichnete Beilage.

Kürbisgemüse

500 g Kürbis	Schale und Kerngehäuse entfernen, Kürbisfleisch in Würfel schneiden, mit
Salz	bestreuen und in
50 ml Wasser (siedend)	gar dünsten.
200 g Joghurt	mit
4 EL Käse (gerieben)	
1 EL Mehl	verrühren und kurz aufkochen lassen. Mit
Pfeffer, Muskatnuss	abschmecken und damit den Kürbis überziehen. Auf Tellern anrichten und servieren.

Süßsaure Bohnen

Wenn die Bohnen im Sommer reif sind, schaffe ich Vorräte für den Winter. Eine klassische Methode ist das süßsaure Einlegen.

1 kg grüne Bohnen	waschen, putzen (entfädeln) und in
Salzwasser	5 Minuten kochen. Die Bohnen danach kurz auf einem Sieb in
Eiswasser	tauchen, damit sie ihre Farbe nicht verlieren. Nun
375 g Zucker	in
250 ml Wasser	auflösen und erhitzen.
250 ml Weinessig	dazugeben und etwas einkochen lassen. Die Bohnen in Gläser füllen und die heiße Flüssigkeit darübergießen. Gläser verschließen, kühl und dunkel aufbewahren.

Lecker zu Fleisch.

Nachstellung der Kürbisernte durch den Heimat- und Trachtenverein Raddusch

Traditionelles Hirsekohlgericht

Ein Familienrezept von Martha Steffen aus Burg

1 mittelgroßer Weißkohl	putzen, grob schneiden, dabei die starken Rippen entfernen.
100 g Speck	in kleine Würfel schneiden und in einem großen, hohen Topf auslassen.
1 Zwiebel	schälen, würfeln, dazugeben, mit
150 ml Wasser	auffüllen, den Weißkohl dazugeben. Mit
1 Msp. Salz, 1 TL Kümmel	abschmecken und bissfest dünsten, dabei gelegentlich wenden. Inzwischen
500 g Hirse	waschen und in einem anderen Topf mit
1 l Wasser	auf kleiner Flamme etwa 20 Minuten quellen lassen. Danach wird die dicke Hirse in den Kohl gegeben.
125 ml Leinöl	unterheben.

Dazu reicht man Milch und fettet bei Bedarf mit Leinöl nach.

Bunte Kohlsorten erfreuen sich wachsender Beliebtheit.

Schloss Muskau

Gebackener Sellerie

Von Eveline Herrmann aus Brieske

2 große Sellerieknollen	schälen, in
Salzwasser	mit dem Saft
1 Zitrone	etwa 20 Minuten kochen, herausnehmen, abtropfen lassen und in Scheiben schneiden – rechnen Sie ungefähr 2 Scheiben pro Person. Mit
Salz, Pfeffer	würzen.
2 Eier	mit
Muskatnuss	abschmecken und verquirlen, die Selleriescheiben darin wenden.
16 Scheiben Bierschinken	ebenfalls im Ei wenden und jeweils 2 Scheiben Wurst zwischen 2 Scheiben Sellerie legen und diese in
200 g Semmelmehl	panieren. In einer Pfanne
4 EL Öl	erhitzen und die Scheiben auf beiden Seiten goldgelb braten.

Dazu Tomatensalat und Landbrot reichen.

Die Kunst des Kahnbiegens – Karl Koal ist darin ein Meister.

Im Lehder Kahnbaubetrieb Koal

Der Spreewaldkahn – mit Wasser und Feuer fürs Wasser gebaut

Alles steht und liegt bereit: Drei Eimer Wasser, Holzleisten, ein feuchter Lappen, ein altes Blech und eine selbst gebaute Handspritze. Zuvor hat der Lehder Kahnbaumeister Karl Koal eine rechte und eine linke Kahnwand nebeneinander mit Zwingen fest verbunden über der späteren Feuerstelle angebracht. Die 7,60 Meter langen Kiefernbohlen lagern dabei nur an ihrem vorderen Ende unter einem fest im Boden verankerten Eisen und schwingen frei. Am hinteren Ende halten Stützen die Seitenwände in einer aus der Erfahrung des Kahnbauers heraus bestimmten Höhe. Beim Biegevorgang werden die Stützen nach und nach gegen kleinere ausgetauscht, so dass der Krümmungsgrad der Bohlen am vorderen Ende durch die Eigenlast immer größer wird. Es gibt keine Messgeräte, keine Lehren, keine Formen – was es gibt, ist der reichliche Erfahrungsschatz des Kahnbauers.

Karl Koal entzündet das Feuer aus Hobelspänen und Abfallholz und saugt die Handspritze voll Wasser. Damit spritzt er aus der Hocke heraus immer abwechselnd ins Feuer und an die vom Feuer betroffenen Kahnseiten – nicht zu viel, nicht zu wenig. Er hält somit das Feuer unter Kontrolle und verhindert ein übergroßes Erhitzen oder gar Verkohlen des Holzes. Hier hilft ihm nur langjährige Übung, es ist der komplizierteste Vorgang beim Kahnbau. Wenn hier was schiefläuft, ist der Kahn nicht fertigstellbar, er ist »verbrannt«. »Jeder Kahnbauer hat diese Erfahrung in seinen Anfangsjahren gemacht – und vielleicht sogar machen müssen«, erzählt Karl Koal zwischen den Spritzungen. »Je nach Natur des Holzes dauert der Biegevorgang zwischen einer halben und einer ganzen Stunde«, ergänzt er noch. Dieser komplizierte, nicht korrigierbare Vorgang mag vielleicht auch der Grund sein, weshalb er seine ebenfalls Kahn bauende Tochter noch nicht ans Feuerbiegen lässt. Juliane Koal ist die einzige Kahnbauerin Deutschlands, ihre Biegestunde wird erst noch kommen. Karl Koal verwendet Kiefernholz aus der Schorfheide, weil es »schön gleichmäßig« gewachsen ist. Nach etwa eineinhalb Jahren Lagerzeit kann es schon für den Kahnbau verwendet werden.

Beim Biegen ist zwischendurch immer mal Zeit fürs Erzählen, über die koal'schen Anfänge des Kahnbaus. Sie hießen und heißen alle Karl, die Koals, die Kahnbaugeneration seit 1884 in Lehde. Urgroßvater Carl Richter (der einzige Karl mit »C«), gründete das Traditionsunternehmen und führte es bis 1930, danach endete erst mal der Kahnbau. Tochter Johanna bewahrte dennoch alle Werkzeuge auf, sie wollte sich nicht vom Lebenswerk des Vaters trennen. Eine gute Entscheidung, wie sich später herausstellen wird. Ihre Tochter Anna, die Enkelin des Kahnbauers, heiratete einen Karl Koal, deren Sohn Karl setzte später verstärkt auf Landwirtschaft und den Meerrettichanbau einschließlich dessen Verarbeitung, weniger auf das Bauen von Spreewaldkähnen.

Sohn Karl jedoch, 1960 geboren, der gelernte Tischler, wollte wieder Kähne bauen. Aber Kahnbauen kann man nicht lernen, das ist kein Lehr-, höchstens ein »Abguck-Beruf«. Bei Karl Kolkwitz, einem Lübbenauer Kahnbauer, holte er sich daher das nötige Rüstzeug und baute 1985 seinen ersten Kahn. »Das alte Werkzeug, aufbewahrt von meiner Großmutter, erwies mir nun gute Dienste. Ich hatte mich schon lange danach gesehnt, damit mal wieder einen Kahn zu bauen. Solches Werkzeug ist selten und schwer zu bekommen. Großmutter Johanna hat mir deshalb, ohne dass sie es je hätte noch erfahren können, eine wesentliche Starthilfe geleistet.« Karl Koal ist ihr heute noch überaus dankbar. Schwierigkeiten bereitete ihm dagegen die Holzbeschaffung zu DDR-Zeiten. Das knappe Gut wurde in der Planwirtschaft streng kontingentiert. Die alteingesessenen Kahnbauer teilten die wenige lange Stammholzware oft unter sich auf, der junge Koal musste meist mit Kurzbrettern zufrieden sein, wie sie für die Bodenbeplankung durchaus auch nötig waren. Auf die langen Seitenteile musste er oft sehr viel länger warten.

Der Kahnbaubetrieb muss sich nun in der Marktwirtschaft beweisen, was eigentlich auch gut gelingt. Konkurrenz erwuchs ihm eher aus den Aluminiumkähnen, die wesentlich pflegeleichter und auch haltbarer, allerdings auch etwas teurer sind. Auch Karl versuchte sich in deren Bau, ließ es aber nach sechs Jahren wieder sein: »Der Vorteil des Kahns ist auch sein Nachteil, denn der Markt ist ziemlich schnell gesättigt. Und man ist heute wieder traditionsbewusster, man setzt auf die alten Holzkähne, traditionell gebaut«, beschreibt er die gegenwärtige Situation. »Für den Holzkahn muss man aber viel Verständnis haben, er ist kein Allwetterkahn und braucht so seine Hinwendung.« Karl Koal hat inzwischen etwa 600 Kähne gebaut, viele auch für Abnehmer außerhalb des Spreewaldes, so in Mecklenburg und Niedersachsen.

Blick in den Burger Kahnbaubetrieb Netzker

Ein neuer Netzker-Kahn wird zu Wasser gelassen.

Gurkenvielfalt

Ein Sommertag verabschiedet sich am Burger Nordumfluter.

Spreewälder Schmorgurken

Von Ingrid Maske aus Forst

4 grüne Salatgurken	schälen, halbieren, Kerne mit Löffel entfernen, in halbe Scheiben schneiden.
100 g Schinkenspeck	in Würfel schneiden, in einer Pfanne anbraten.
2 Zwiebeln	schälen, in kleine Würfel schneiden, im Speck dünsten. Nun die Gurkenscheiben hinzufügen und schmoren lassen, bis sie glasig sind.
4 Tomaten	waschen, Tomatenauge entfernen, in Würfel schneiden und dazugeben. Mit
Salz, Pfeffer, Zucker	
Essig	abschmecken. Zum Schluss
2 EL Mehl	
2 EL Wasser	verquirlen und zum Binden unterrühren.

Gurkenmatsche – Stampfkartoffeln und Gurkensalat

Von Eveline Lange aus Spremberg-Terpe und Ruth Richter aus Cottbus

Der Salat

1 kg grüne Gurken	waschen und hobeln – bei uns bleibt die Schale dran. Mit
Salz, Pfeffer, Zucker	
Essig, Öl	abschmecken
1 Bund Dill	waschen, klein schneiden dazugeben und ziehen lassen.

Die Stampfkartoffeln

1 kg Kartoffeln	schälen und in
Salzwasser	garen.
200 g Speck	in Würfel schneiden, in einer Pfanne auslassen.
2 Zwiebeln	schälen, fein würfeln, im Speck anbraten und über die Kartoffeln geben.
200 ml Milch	im Topf erhitzen, zu den Kartoffeln geben und stampfen. Mit
Muskatnuss	abschmecken.

Ein schnelles, kalorienarmes Gericht – man isst den Gurkensalat zu den Stampfkartoffeln. Als Beilage empfehle ich Rührei.

Windmühle Straupitz

Die Schinkel-Kirche in Straupitz

Spreeaue Dissen: Der Legende nach schuf der Teufel mit seinen Ochsen den Spreewald (Skulptur von Hans-Georg Wagner).

Schnellgurken

Von Hans-Jürgen Linke aus Fürstlich Drehna

1 kg mittelgroße Einlegegurken	schälen, in Scheiben schneiden – alternativ Kerngehäuse entfernen und wie Senfgurken in Streifen schneiden.
2 Zwiebeln	schälen und in Ringe schneiden.
1 Bund Dill	waschen, schneiden. Die Zutaten mit
6 EL Essig (10%ig)	
3 EL Zucker	
3 TL Salz	
2 TL Senfkörner	
1 TL Pfefferkörner	
1 Lorbeerblatt	
2 – 4 Pimentkörner	in einen Steintopf geben (oder eine große Schüssel), alles gut einschichten, zugedeckt 1 bis 2 Tage stehen lassen, dabei gelegentlich wenden.

Gewitterstimmung an den Stradower Teichen

Brühgurken

Von Hans-Jürgen Linke aus Fürstlich Drehna

4 Zwiebeln	schälen, in Ringe schneiden und mit
2,5 kg Einlegegurken	
1 Bund Bohnenkraut	
1 Bund Dill	
½ Bund Estragon	
je 1 EL Senfkörner, Pfefferkörner, Pimentkörner	im Steintopf einschichten. Nun in
5 l Wasser	
250 ml Essig (10%ig)	und
je 150 g Salz, Zucker	auflösen, auf 75 °C erhitzen und über die Gurken gießen, abdecken. Bereits nach 3 Tagen sind die Brühgurken fertig.

Saure Gurken

Von Hans-Jürgen Linke aus Fürstlich Drehna

3 kg Einlegegurken	wässern, waschen, abbürsten. Jede Gurke mit einem spitzen Messer beidseitig mehrmals einstechen. Zusammen mit
1 Bund Dill	in einen Tontopf einschichten.
4 l Wasser	mit
200 g Salz	versetzen, aufgießen bis die Gurken gut bedeckt sind.
2 – 3 Weinblätter	obenauf legen, mit einem flachen Teller beschweren und zugedeckt 3 bis 4 Tage stehen lassen – dann schmecken sie am besten.

Bei sauren Gurken rechnet man 500 Gramm Salz auf zehn Liter Wasser.

Gurkengemüse

2 große Gurken	schälen und in Würfel schneiden.
50 g Speck	würfeln.
1 Zwiebel	schälen, fein schneiden. In einer Pfanne
1 EL Öl	erhitzen, Speckwürfel etwas auslassen, Zwiebel und Gurken zugeben, etwa 20 Minuten dünsten. Mit
1 EL Mehl	bestäuben,
250 g saure Sahne	unterrühren und nochmals kurz aufkochen lassen. Mit
Salz, Pfeffer	abschmecken.
1 Bund Dill	klein schneiden und kurz vor dem Anrichten unterheben oder überstreuen.

Fleischgerichte

Ruhehafen Groß Lübbenau

Gefülltes Kalbsschnitzel – Cordon bleu

4 Kalbsschnitzel aus der Oberschale (à 150 g)	in jedes Schnitzel eine Tasche einschneiden, flach klopfen. Die Innenseiten mit
1 EL Senf	bestreichen und mit
Salz, Pfeffer	würzen.
4 Scheiben Kochschinken	
4 Scheiben Emmentaler	Je eine zusammengeklappte Scheibe Schinken und Käse in die Schnitzeltaschen geben und mit einer Holznadel zustecken. Schnitzel in
Mehl	wenden.
1 Ei	verquirlen, Schnitzel durchziehen und in
Paniermehl	gut andrücken. In einer Pfanne
2 EL Butterschmalz	erhitzen und die Schnitzel von beiden Seiten jeweils 10 Minuten braten.

Donnerwetter – Blutwurst gebraten

Von Eveline Lange aus Spremberg-Terpe

Dieses Gericht gab es oft bei meiner Oma. Den Namen »Donnerwetter« erklärte sie so: »Die Blutwurst ist schwarz wie die Gewitterwolken und die Eier sind hell wie ein Blitz«.

500 g Blutwurst	in Scheiben schneiden, in einer großen Pfanne mit
1 EL Butterschmalz	anbraten. Dazu
8 Eier	aufschlagen und unterrühren.

Man isst dazu Pellkartoffeln.

Gefüllter Apfel mit Jagdwurst

4 Äpfel	ausstechen und quer in Scheiben schneiden.
400 g Jagdwurst	würfeln. Nun die Apfelscheiben damit belegen und den Apfel wieder zusammensetzen. 4 Stücke Alufolie mit je
1 TL Butter	bestreichen, die Äpfel daraufsetzen und die Folie nach oben falzen. In der Backröhre bei 180 °C etwa 15 Minuten garen.

Martina Riedel ist eine Meisterin im Eierverzieren.

Ein uralter Brauch: Mädchen schöpfen Osterwasser.

Bei den Dorffesten darf auch der Spaß nicht zu kurz kommen: Roy Smeth zieht dann schon mal die Tracht der Oma an und schwingt sich auf ein altes Moped, um damit knatternd durch Leipe zu düsen.

Schweinefleisch-Gurken-Pfanne

750 g Schweinefleisch von der Nuss	in Streifen schneiden. In einer Pfanne
30 g Butterschmalz	erhitzen, das Fleisch darin portionsweise anbraten. Mit
250 ml Gemüsebrühe	ablöschen und etwa 40 Minuten köcheln lassen. Nach und nach mit Gemüsebrühe auffüllen. Mit
Salz, Pfeffer	abschmecken.
500 g Salatgurke	schälen, halbieren, mit einem kleinem Löffel das Kerngehäuse entfernen und in Streifen schneiden.
1 große Zwiebel	schälen, halbieren und schneiden. Mit der Gurke etwa 10 Minuten vor Ende der Garzeit zum Fleisch geben und gar ziehen lassen. Mit
175 g Sauerrahm	binden.
1 Bund Dill	waschen, klein schneiden und unterheben.

Dazu schmecken Salzkartoffeln.

Hackbraten mit Wildkräutern

2 altbackene Brötchen	in Wasser einweichen und ausdrücken.
2 Zwiebeln	abziehen, fein würfeln. Zwiebeln und Brötchen mit
600 g Hackfleisch	vermengen. Den Saft von
½ Zitrone	und
250 ml Fleischbrühe	sowie
100 ml süße Sahne	zugeben.
Wildkräuter nach Jahreszeit (Giersch, Brennnessel, Vogelmiere, Sauerampfer etc.)	klein scheiden und mit dem Fleischteig vermengen. Mit
Salz, Pfeffer	gut abschmecken. Den Hackbraten zu einem Brotlaib formen und in eine mit
Butter	ausgestrichene Backform geben. Mit
Butterflöckchen	belegen und im vorgeheizten Backofen bei 200 °C etwa 40 Minuten backen.

Hackbraten kann auch kalt serviert werden.

Kaninchenbraten mit Räucherspeck

1 Kaninchen	zerlegen und waschen. Eventuell in einem Steintopf in
2 l Buttermilch	an einem kühlen Ort 1 bis 2 Tage einlegen. Vor dem Braten abtropfen lassen und mit
Salz, Pfeffer	einreiben.
30 g Räucherspeck	würfeln, in eine Pfanne geben, etwas
Butterschmalz	dazugeben und heiß werden lassen. Das Kaninchenfleisch in die Pfanne geben und von allen Seiten anbraten. Im vorgeheizten Backofen bei 160 °C unter mehrmaligem Begießen mit Bratensaft ungefähr 1 Stunde braten.
2 EL Mehl	und
125 g saure Sahne	miteinander verquirlen und die Soße damit binden. Mit
Salz, Pfeffer	abschmecken.

Gefüllte Hackfleisch-Bouletten

500 g Hackfleisch (gemischt)	in eine Schüssel geben.
1 Brötchen	in
100 ml Milch	einweichen und ausdrücken.
1 Zwiebel	schälen und in kleine Würfel schneiden.
1 Ei	verrühren, mit den übrigen Zutaten in der Schüssel gut vermengen. Mit
Salz, Pfeffer	abschmecken.
Je ½ Paprikaschote grün, rot	putzen und in Stücke schneiden.
1 Tomate	waschen und vierteln.
50 g Spinat	waschen, putzen und klein schneiden.
50 g Käse	in dünne Scheiben schneiden. Nun die Hackmasse mit nassen Händen zu Bouletten formen und wahlweise mit den vorbereiteten Zutaten füllen. In einer Pfanne
30 g Butterschmalz	erhitzen und die Bouletten darin sehr langsam braten.

Typische Spreewaldbrücke in Burg-Waldschlösschen

Fleischklößchen in Spargelsoße

500 g Spargel	schälen, etwa 8 bis 10 Minuten in Salzwasser kochen, danach in Stücke schneiden und zur Seite stellen.
1 Brötchen	in Milch einweichen und ausdrücken. Mit
1 kg Hackfleisch	sowie
1 Ei	vermengen.
1 Zwiebel	abziehen, in kleine Würfel schneiden.
1 Bund Petersilie	klein schneiden und mit den Zwiebeln unter den Hackteig mengen. Mit
Salz, Pfeffer	abschmecken und aus der Masse Klöße formen. Aus
750 ml Wasser	
1 Lorbeerblatt	
4 Pimentkörner	
1 Zwiebel	und
Salz	einen Fond bereiten. Das Ganze gut durchkochen, dann die Klöße hineingeben und etwa 10 Minuten garen. Die Klöße vorsichtig herausnehmen. Die Brühe mit etwas
Crème fraîche	und
Mehl	binden und nochmals aufkochen. Die Klöße wieder hineingeben und mit dem vorbereiteten Spargel verfeinern. Vor dem Servieren
Petersilie	darüberstreuen.

Dazu Kartoffelstampf oder Salzkartoffeln reichen.

Fastnachtsumzug in Stradow

Die Spinnte – ein Wintertreff der Spinner und Stricker

Winterkahnfahrten mit Wärmflasche, Decke und Glühwein (Hagens Insel, Burg)

Hühnerfrikassee nach Hausfrauenart

1 Suppenhuhn (1,5 kg)	in einen großen Topf geben, mit
Wasser	bedecken, erhitzen.
1 Bund Suppengrün	putzen, schneiden, dazugeben. Mit
Salz	abschmecken, zum Kochen bringen, garen. Die Brühe durch ein Sieb gießen. Das abgekühlte Fleisch in Würfel schneiden. Aus
500 g Hackepeter	kleine Klößchen drehen, in der Hühnerbrühe aufkochen und herausnehmen.
250 g Butter	in einem Topf schmelzen, mit
5 EL Mehl	eine Schwitze bereiten und langsam mit Brühe auffüllen, bis die gewünschte Konsistenz erreicht ist. Mit
Zucker	und dem Saft
1 Zitrone	abschmecken, nochmals aufkochen.
2 EL Kapern	dazugeben.
6 Eier	verquirlen und unterziehen, nicht mehr aufkochen!
500 g Spargel (aus dem Glas)	
400 g Champignons (aus der Dose)	klein schneiden, leicht erwärmen. Die Klößchen, Spargel, Champignons, das Fleisch warm hinzugeben und etwas ziehen lassen.

Nachts kehrt Ruhe in den Großen Hafen Lübbenau ein.

Gekochte Ente mit Meerrettichsoße

1 Ente	in
500 ml Wasser	zusammen mit
Salz	
1 Lorbeerblatt	
1 Gewürzkorn	und
1 Bund Suppengrün	etwa 1 bis 1,5 Stunden langsam gar kochen. Die Ente herausnehmen und die Brühe durchseihen. Für die Meerrettichsoße
20 g Butter	mit
10 g Semmelbrösel	fein anschwitzen.
200 g Meerrettich	reiben und dazugeben. Die Mischung dann mit
125 ml süße Sahne	und
12 geriebene Mandeln	in die Entenbrühe geben, mit
Salz, Zucker	abschmecken und durchziehen lassen. Nicht kochen!

Dazu Kartoffelklöße servieren. Aus dem Rest der Entenbrühe kann man mit Perlgraupen oder Reis eine Suppe zubereiten.

Entenbrust – glasiert mit Honig

Ich verarbeite seit Jahrzehnten drei Entenrassen:

- *Die Pekingente – sie stammt aus China, wird aber weltweit gezüchtet und ist bei uns der Marktführer. Nach etwa acht Wochen hat die Pekingente ein Bratgewicht von 1,8 bis 2,5 Kilogramm.*
- *Unsere freilaufenden Bauerenten brauchen vier Monate für ein Bratgewicht von 2,5 bis 3,5 Kilogramm.*
- *Die Flugente (auch: Moschus-, Warzen- oder Barbie-Ente) ist fleischreicher und nicht so fett, wie die Pekingente. Die Mastzeit beträgt etwa acht bis zehn Wochen – weibliche Tiere erreichen ein Gewicht von ungefähr 1,5 Kilogramm, die männlichen Tiere werden 2,5 bis 3 Kilogramm schwer.*

3 EL Honig	
3 EL Zitronensaft	
Salz, Pfeffer	zu einer Marinade verarbeiten und
2 frische Entenbrustfilets (à 300 g)	damit gründlich einreiben, 2 Stunden ziehen lassen. Entenbrust aus der Marinade nehmen und mit Küchenpapier abtrocknen.
4 EL Öl	in einer Pfanne erhitzen und die Entenbrustfilets auf der Hautseite knusprig braun braten, dann wenden und weitere 5 Minuten braten.
Je 1 Eichblattsalat, Friséesalat, Radicchio	waschen, zupfen, auf 4 Tellern verteilen.
1 große Zwiebel	fein würfeln, in eine Pfanne geben, Bratensaft unterrühren, mit etwas Wasser und
4 EL Apfelessig	ablöschen, in eine Schüssel füllen,
3 EL Zitronensaft	dazugeben.
Öl	mit dem Schneebesen unterschlagen, abschmecken und auf den Salat träufeln. Entenbrustfilets in Scheiben schneiden, auf dem Salat arrangieren, mit
2 EL Kokosraspeln	
60 g rote Johannisbeeren	bestreuen.

Reichen Sie dazu frisches Weißbrot.

Gänsebraten mit Sauerkraut-Apfel-Füllung

1 Gans (etwa 4,5 kg)	mit
Salz, Pfeffer	einreiben. Dann
700 g Sauerkraut	in
1 EL Schmalz	anbraten.
4 Zwiebeln	abziehen, klein schneiden und glasig anbraten.
4 Äpfel	in Scheiben schneiden, dazugeben, kurz schmoren und zum Sauerkraut geben. Mit
Kümmel, Beifuß	würzen und halbweich dünsten. Nun die Gans damit füllen und zunähen. Die Gans in einer Form mit
100 ml Wasser	ansetzen. Im Ofen bei 260 °C Umluft (Gas Stufe 8) erst 30 Minuten garen. Danach die Temperatur auf 160 °C (Gas Stufe 2 – 3) reduzieren und weitere 90 Minuten braten. Man übergießt die Gans bei Bedarf öfter mit frischem Wasser. Ist die Soße zu fett, kann man Fett abschöpfen. Die Soße mit
Mehl	binden und passieren.

Dazu reicht man Kartoffelklöße oder Salzkartoffeln.

Der Herbst kündigt sich mit Nebel an (bei Raddusch).

Gänsebraten

Am 11. November, am Martinstag beginnt in unserer Region die traditionelle Gänsesaison mit einem deftigen Gänsebraten. Ich kaufe frische Gänse von Oktober bis Dezember, bratfertig mit etwa 4,5 bis 5 Kilogramm Gewicht. Gans und Gänserich lassen sich im bratfertigen Zustand nur schwer unterscheiden – sie sind sich im Aussehen und in Größe ähnlich. Die Gans ist ein fetter Vogel mit arteigenem Geschmack. Zur Verarbeitung nutze ich Beifuß, damit der fettreiche Vogel bekömmlicher wird. Eine kalorienarme Gans bereite ich zu, indem ich die dicke Haut beim Braten einsteche, damit Fett ausläuft. Anschließend entfette ich den Bratenfond. Gänse sollte man immer füllen und die Öffnung vor dem Braten mit Küchengarn zunähen. Die Gar-Probe empfehle ich an den Gänsekeulen – bei jungen Gänsen sollte klarer Fleischsaft austreten und bei älteren sollten sich die Keulen bewegen lassen.

1 junge Gans (4 – 5 kg)	innen und außen kalt abspülen, gründlich trocknen, Federreste und Härchen entfernen.
Je 2 EL Salz, Pfeffer (gemahlen)	mischen und die Gans damit innen und außen einreiben, über Nacht im Kühlschrank stehen lassen.
1 Zwiebel	
1 Möhre	schälen und in grobe Stücke schneiden, zur Seite legen.
250 ml Wasser	aufkochen. Die Gans innen mit
1 TL Majoran	ausstreuen, mit der Brustseite in eine Pfanne legen, mit etwas
Wasser	übergießen, Zwiebel und Möhre dazugeben. Die Gans in den kalten Backofen stellen und bei 180 °C etwa 1 Stunde anbraten, bis Fett austritt. Die Gans drehen, die Haut unterhalb der Keulen einstechen, damit Fett austritt. Weitere 50 Minuten braten. Nun den Ofen auf 220 °C (Umluft) stellen, die Gans aus der Pfanne nehmen, auf den Rost legen und mit
125 ml Dunkelbier	bepinseln. Wieder in den Backofen schieben, weitere 30 Minuten braten, dabei regelmäßig mit Bier bepinseln, damit die Haut knusprig und braun wird. Anschließend herausnehmen, tranchieren und warm halten. Fett aus der Soße abschöpfen, durch ein Sieb gießen, aufkochen.

Fischergerätschaften und Jagdtrophäen in Lehde (Hotelanlage Starick)

Am Burger Bootshaus Rehnus

Spreewälder Putenbraten

Grundsätzlich wasche ich Putenfleisch unter fließendem Wasser und tupfe es dann trocken. Mein Grundsatz ist mit Überlegung und Vorsicht zu salzen. Schnitzel salze ich nach dem Braten, größere Teile natürlich zuvor – innen und außen.

Von Rita Kratzert aus Senftenberg

2 Putenkeulen	in 2 Stücke teilen, mit
Salz, Paprika	einreiben, in
2 EL Butterschmalz	von allen Seiten anbraten.
125 ml Weißwein	mit
1 EL Tomatenmark	verrühren und das Fleisch damit begießen.
2 Zwiebeln	schälen, in Würfel schneiden, dazugeben anschwitzen.
350 g Sauerkraut	klein schneiden, dazugeben, gut verteilen. Nach und nach mit
Wasser	auffüllen und zugedeckt garen lassen.
125 ml Kaffeesahne	mit
½ EL Mehl	verrühren und sobald das Fleisch gar ist, die Soße damit binden.
1 EL Paprikapulver (edelsüß)	zugeben, nochmals aufkochen lassen.
4 halbe Pfirsiche (aus der Dose)	mit
4 EL Johannisbeermarmelade	füllen und mit der Gans anrichten.

Gekochte Rinderbrust im Gemüsebett

Mein Freund der Bio-Bauer Christoph Schilka und unsere Landfleischerei Turnow liefern mir das Rindfleisch und gaben mir viele Ratschläge, die ich immer wieder gern beherzige: »Tue nie kaltes Fleisch in die Pfanne oder auf den Grill – es muss Zimmertemperatur haben. Und denke stets dran, dass Rindfleisch mit zunehmender Bratzeit an Geschmack und Zartheit verliert«. Selbst habe ich die Erfahrung gemacht, das schmackhaftes Rindfleisch zunächst auf den Schnittseiten kräftig angebraten werden sollte, so schließen sich die Poren und kein Saft kann austreten. Seit Jahren setze ich Fett oder Öl nur sparsam ein. Dabei arbeite ich mit einem Pinsel und für Rindfleisch nutze ich auch beim Garen den fleischeigenen Fettanteil.

1 kg Rinderknochen	in einen Topf mit
6 l Wasser	geben, erhitzen.
Je 1 Thymianzweig, Petersilienzweig, Lorbeerblatt	
3 Nelken	
je 5 Wacholderbeeren, Pfefferkörner	dazugeben.
1 Bund Suppengemüse	putzen, in grobe Würfel schneiden, zufügen und zum Kochen bringen.
1 kg Rinderbrust	dazugeben und 2 Stunden köcheln lassen, dabei immer wieder Schaum abschöpfen. Nun das Fleisch aus der Brühe nehmen und warm stellen. Die Brühe durch ein Sieb, in einen Topf gießen – etwa 1 Liter in einen separaten Topf geben.
500 g Kartoffeln	waschen, schälen. Im separaten Topf 20 Minuten kochen, abgießen und warm stellen.
Je 200 g Möhren, Sellerie	putzen und in Würfel schneiden.
1 Stange Porree	putzen und in Ringe schneiden. Gemüsezutaten in den Topf mit dem Großteil der Brühe geben und garen.
1 Bund Petersilie	waschen, klein schneiden, zum Gemüse geben. Mit
Salz, Pfeffer	abschmecken. Das Fleisch in Scheiben schneiden, mit dem Gemüse und Kartoffeln anrichten.

Rinderbrust mit Meerrettichsoße

Dies ist das Spreewälder Nationalgericht. Es hat jeden Spreewälder Kochtopf erobert.

Rinderbrust

1,5 kg Rinderbrust	in einen Topf geben und mit Wasser bedecken. Zum Würzen
Salz	
2 Lorbeerblätter	und
5 Pimentkörner	zugeben.
1 Bund Suppengrün	putzen, klein schneiden und ebenfalls zufügen. Die Rinderbrust in etwa 2 Stunden weich kochen.

Meerrettichsoße

100 g Butter	in einem Topf schmelzen,
120 g Mehl	einrühren und zu einer Mehlschwitze verrühren. Mit
100 ml Milch	ablöschen und mit der Rinderbrühe auffüllen. Gut durchkochen lassen, dann
1 Stange Meerrettich	frisch reiben und dazugeben. Die Soße mit
Essig	
Salz, Zucker	abschmecken.

Man kann auch Meerrettich aus dem Glas verwenden (Menge nach eigenem Ermessen). Statt Meerrettich schmeckt auch Senf dazu – mein Tipp: Meerrettich und Senf sollten nicht kochen!

Schoberpause beim Lehdefest

Heutransport mit Doppelkahn (gezeigt beim Lehder Kahnkorso)

Fleischer Andreas Hannusch und Spreewaldkoch Peter Franke beim Spreewälder Schlachtetag in der Kräutermanufaktur Burg

Kesselgulasch

Von Christoph Schilka aus Guhrow

350 g Rinderschulter	in 1 cm große Würfel schneiden und in einem großen Topf mit
2 EL Öl	anbraten.
5 große Zwiebeln	schälen, würfeln, zugeben.
300 g Weißkohl	schneiden, dazugeben, goldgelb werden lassen.
1 EL Paprikapulver (edelsüß)	darüberstreuen. Mit
1,5 l Rinderbrühe	auffüllen und etwa 50 Minuten köcheln lassen. Inzwischen
200 g Kartoffeln	schälen und in Würfel schneiden.
200 g rote Paprikaschote	in feine Streifen schneiden. Mit den Kartoffelwürfeln zugeben und weitere 20 bis 30 Minuten köcheln lassen. Mit
Salz, Pfeffer	
Kümmel, Majoran, Paprika	abschmecken. Abschließend
100 g Meerrettich	frisch reiben und unterziehen.

Zarte Meerrettich-Lende

Von Rita Kratzert aus Senftenberg

750 g Rinderlende	mit
Salz, Pfeffer	und
Öl	einreiben, in
100 g Butterschmalz	anbraten.
3 Zwiebeln	schälen, in Scheiben schneiden, dazugeben, köcheln lassen und nach und nach mit
Wasser	auffüllen.
2 Äpfel	schälen, vom Kerngehäuse befreien und in kleine Würfel schneiden. Sobald die Lende fast gar ist
4 EL Meerrettich (gerieben)	
1 TL Senf	zugeben.
1 EL Mehl	mit
3 EL Kondensmilch	verrühren, dazugeben und die Soße mit
Johannisbeermarmelade	und
Zitronensaft	abschmecken.

Dazu passen Kartoffelbällchen und Gurkensalat.

Liegehafen an der Wotschofska, einem der beliebtesten Ziele im Spreewald

Schlossensemble Lübbenau

Buchweizengrütze

mit Rindfleisch und Meerrettich

Bevor die Kartoffel vor rund 250 Jahren bei uns angesiedelt wurde, war Grütze Grundnahrungsmittel Nr. 1 im Spreewald. Heute wird sie nach ihrem Dornröschenschlaf wiederentdeckt.

1 l Wasser	zum Kochen bringen und
500 g Buchweizengrütze	einrieseln lassen. Mit
Salz	würzen und im Backofen bei 160 °C etwa 30 Minuten ausquellen lassen. Inzwischen
1 kg Hohe Rippe vom Rind	in einen Topf mit Wasser geben.
1 Bund Suppengrün	putzen, klein schneiden und dazugeben.
1 Zwiebel	mit
4 Nelken	und
2 Lorbeerblätter	spicken, dazugeben und alles 2 Stunden weich kochen.
100 g Mehl	zusammen mit
100 g Butter	in einem Topf unter Wärmezufuhr zu einem Kloß verrühren. Die Hitze reduzieren und unter Rühren
200 ml Milch	auffüllen und aufkochen (Mehlschwitze), bis eine sämige Soße entsteht.
200 g geriebener Meerrettich	hinzugeben und verrühren. Die fertige Grütze aus dem Ofen nehmen, auf Teller verteilen und mit Fleischbrühe übergießen. Dazu das gekochte Rindfleisch mit der Meerrettichsoße servieren.

Tiere im Spreewaldwinter

Ein Gespräch mit dem Leiter des Biosphärenreservates Spreewald, Eugen Nowak, und dem Gebietsleiter Naturwacht Ralf Hegewald.

Fuchs, Hase, Reh und auch alle anderen Tiere haben sich im Laufe der Evolution an das Leben in ihrer Umgebung angepasst. Unsere (menschliche) Sicht ist nicht immer mit dem Empfinden der Tiere gleichzusetzen. »Sie frieren schon nicht, wenn's kalt wird. Sie verhungern auch nicht«, klärt Eugen Nowak zu Gesprächsbeginn auf, um gleichzeitig auf die Ausnahmen aufmerksam zu machen: »Sehr strenger Frost, verharschter Schnee und Trockenheit, also flächendeckend Eis, können den Tieren arg zusetzen. Die Untere Jagdbehörde kann in solch einem Fall eine Notzeit ausrufen. Die zuständigen Jäger versorgen dann das Wild mit Raufutter und Fallobst. Von der Fütterung durch Laien ist ausdrücklich abzuraten, es ist sogar verboten«, ergänzt der Reservatsleiter seine Ausführungen.
Und dennoch geht die Natur ihren Gang, schwächere und ältere Tiere überleben dann oft den Winter nicht – aus menschlicher Sicht eine Tragödie, der nur bedingt (eben durch die Notzeitregelung) etwas abgeholfen werden kann. Zu den kleineren Hilfestellungen gehört auch, aus dem Winterschlaf aufgeweckte Igel zu versorgen, aber niemals mit Milch zu füttern, höchstens mit Katzenfutter. »Die Tiere sollten den örtlichen Schutzvereinen übergeben werden«, so Ralf Hegewald. »Den Singvögeln kann gern Futter gegeben werden, aber bitte unbedingt auf zertifiziertes, ambrosiafreies Futter achten. Sonst haben wir die hochallergene Pflanze auch in unseren Gärten, wie schon vereinzelt zu beobachten ist. Keinesfalls dürfen Nahrungsreste verfüttert werden. Der Salzgehalt könnte zum Verdursten der Tiere führen«, ergänzte der Naturschutzleiter. Er appelliert an die Vogelfreunde, unbedingt den Futterplatz sauber zu halten und eine Tränke aufzustellen, »dies ist noch wichtiger, als die Fütterung selbst.«
Insgesamt schätzen beide Experten den Spreewälder Tierbestand als gut ein, differenzieren aber gleichzeitig. »Der Wildschweinbestand ist enorm hoch, das liegt an den umgebenden Mais-Monokulturen und den vielen Tagebauaufforstungsflächen, in denen die Tiere sich ungestört entwickeln können«, so Nowak. Die Schwarzkittel stellen eine Gefahr für den Straßenverkehr dar und dringen auch in Wohnsiedlungen ein. Lübbenauer Kleingärtner klagen immer wieder über alles aufwühlende Wildschweine, die nahezu jedes Hindernis überwinden. Um eine effektive Bejagung zu ermöglichen, wurden auch die Spreewald-Kernzonen dafür freigegeben, die eigentlich unter strengem Schutz stehen.
Viele der einst häufigen Tierarten sind inzwischen verschwunden oder stark dezimiert, neue kommen hinzu. Ralf Hegewald: »Schwarzstorch, Bekassinen, Brachvogel und Uferschnepfe gehören dazu, wie andererseits Biber und Wolf, die Jahrhunderte nach ihrer Ausrottung wieder im Spreewald angekommen sind. Neubürger sind Mink, Waschbär und Marderhund. Obwohl von denen eine gewisse Gefahr auf den Bestand der anderen Arten ausgeht, sehen Fischer den Waschbär als Helfer. Er dringt bis in die Kormoran- und Reihernester vor und hilft, deren Bestand unter Kontrolle zu halten.« Der Biber gehört mit seinen inzwischen 60 nachgewiesenen Revieren durchaus zu den Problemtieren.

Weniger wegen seiner Bautätigkeit, die im Spreewald ohnehin nicht erforderlich wäre, sondern eher wegen der zahlreichen gefällten oder stark angenagten Bäume. »Hier ist der Wasser- und Bodenverband zuständig, der, hälftig vom Land unterstützt, bei der Beseitigung der Biberschäden aktiv wird«, so Nowak. Die mit dem Biber immer wieder verwechselten Nutrias verursachen praktisch keine Schäden. Die Population der aus Südamerika abstammenden und aus Farmen entwichenen Tiere schwankt. Besonders nach langen Wintern gehen die Bestände stark zurück.

Der jährliche Winterstau ist für die Natur des Spreewaldes wichtig. Auf den überschwemmten Wiesen laichen Fische, Nährstoffe werden abgelagert und der Wasserhaushalt insgesamt wird reguliert. Eugen Nowak: »Allerdings verzeichnen wir in den letzten Jahrzehnten einen immer früheren Frühlingsbeginn mit einhergehender Trockenheit. Ein verlängerter Stau wäre hier angebracht, doch dagegen stehen die berechtigten Interessen der Landwirte, die möglichst früh ernten wollen. Viele Bodenbrüter wären dann gefährdet, die ebenfalls zeitiger ins Brutgeschäft gehen. Deshalb appellieren wir an die Landwirte die betreffenden Wiesen erst nach dem 15. Juni zu mähen. Sie bekommen auf Antrag eine Entschädigung aus dem Kulturlandschaftsprogramm.«

Viele Urlauber und Einheimische freut's, wenn es keine Mückenplage gibt. Naturschützer beobachten das eher mit Sorge. »Das zeitigere und trockenere Frühjahr lässt eine Entwicklung der Mückenpopulation kaum noch zu. In der Folge fehlt die Nahrung für die den Nachwuchs aufziehenden Singvögel. Weniger Vögel bedeuten auch weniger Schutz vor Schadinsekten«, bringt Eugen Nowak seine Sorgen zum Ausdruck. Manch weniger Umweltbewusste greift dann zu chemischen Mitteln, mit rückkoppelnder Wirkung auf den Tierbestand«,

Beide Naturschützer wünschen sich mal wieder einen ganz normalen Winter mit Schnee und längerer Frostperiode, damit die Natur zur Ruhe kommt. »Mit der Ruhe ist es allerdings vorbei, wenn die überschwemmten und vereisten Wiesen ebenso wie die zugefrorenen Fließe zum Eislaufen einladen. Wir hoffen dann nur auf die Vernunft der Menschen, nicht bis an den Rand der Gewässer mit dem Auto zu fahren. Dann steht dem Eisvergnügen nichts im Wege, es wird ohnehin wohl wieder nur von kurzer Dauer sein«, so Hegewald. Zwei, drei vereiste Wintermonate wie noch vor Jahrhunderten normal wird es wohl nicht mehr geben.

Ein Sprung Rehe bei der Futtersuche auf Spreewaldwiesen

Wildschweine finden ausreichend Nahrung und somit beste Lebensbedingungen im Spreewald.

Fischgerichte

Nachstellung einer Kürbisernteszene (Raddusch)

Spreeaue bei Dissen

Fischfilet auf Spreewälder Art

Von Rita Kratzert aus Senftenberg

1,25 kg Fischfilet	mit dem Saft
1 Zitrone	marinieren.
3 Möhren	putzen und in Streifen schneiden.
½ Sellerieknolle	putzen und in Würfel schneiden.
2 Stangen Porree	Wurzel abschneiden, kräftig waschen, in Ringe schneiden.
4 Zwiebeln	schälen, in Scheiben schneiden. Gemüsezutaten in einer großen Pfanne mit
4 EL Öl	anschwitzen und
125 ml Wasser	zugießen, etwa 5 Minuten dünsten lassen. Auf das Gemüse den marinierten Fisch geben.
250 g saure Sahne	mit
1½ EL Speisestärke	verrühren und übergießen. Das Ganze etwa 10 Minuten gar ziehen lassen. Den Fisch herausnehmen und auf einer Platte anrichten. Das Gemüse nochmals aufkochen lassen.
1 Salatgurke	schälen, in Würfel schneiden, zum Gemüse geben.
Je 1 Bund Petersilie, Dill	waschen, schneiden, untermischen, mit
Salz, Pfeffer	abschmecken.

Forelle in Bier

2 Zwiebeln	schälen und in Ringe schneiden, mit
500 ml Wasser	
1 l Bier	
4 Gewürznelken	
8 Pfefferkörner	
2 Lorbeerblätter	
4 Wacholderbeeren	in einem Topf zum Kochen bringen und den Sud 15 Minuten stehen lassen.
4 küchenfertige Forellen	unter kaltem Wasser abspülen, je nach Größe etwa 15 Minuten in dem Sud bei geringer Hitze köcheln lassen.

Dazu schmecken Dillkartoffeln mit Butter und ein grüner Salat.

Spreewälder Silvester Karpfen

Fische haben einen großen Vorteil gegenüber den Säugetieren – sie durchlaufen nicht den typischen Alterungsprozess. Das Fleisch bleibt bei älteren Fischen weiterhin schmackhaft.

4 Portionen Karpfen-Filets (400 g)	mit
2 EL Zitronensaft	beträufeln, mit
Salz, Pfeffer	würzen. Eine feuerfeste Form mit
40 g Butter	ausstreichen, Filets hineingeben. Nun
125 ml Tomatenketchup	mit
2 EL Meerrettich (gerieben)	vermengen und über die Filets gießen.
2 Zwiebeln	schälen, in Ringe schneiden, obenauf geben.
2 Gewürzgurken	in Würfel schneiden, darübergeben. Mit Flocken aus
60 g Butter	belegen und bei mittlerer Hitze im Backofen 15 bis 18 Minuten garen.

Hecht in Spreewaldsoße

Von Regina Volkmann, langjährige Wirtin der Burger Traditionsgaststätte »Glück Auf«

Hecht

1 Hecht (2,5 kg), küchenfertig	abspülen und mit Küchenkrepp trockentupfen. Mit dem Saft von
1 Zitrone	beträufeln, mit
Salz, Pfeffer	einreiben. Anschließend
1 Bund Suppengemüse	putzen, in kleine Würfel schneiden. Eine Fettpfanne mit
50 g Butter	fetten und darauf das Suppengemüse verteilen. Den Hecht mit der Bauchseite auf das Gemüsebett setzen und im vorgeheizten Backofen bei 160 bis 180 °C etwa 50 bis 55 Minuten garen. In der Zwischenzeit den Sud bereiten.

Fischsud

2 l Wasser	mit
5 – 8 Pimentkörner	
1 Lorbeerblatt	
1 klein gehackte Zwiebel	
1 Schuss Weißwein	
250 ml Malzbier	und
3 – 4 Tropfen Essig	in einem Topf etwa 1 Stunde kochen lassen. Anschließend den Sud durch ein Sieb gießen und erneut aufkochen. Nun
ca. 400 g Fisch (Weißfische)	so einlegen, dass der Fisch mit Flüssigkeit bedeckt ist. Nicht mehr kochen, sondern 10 bis 14 Minuten gar ziehen lassen. Alles durch ein Sieb passieren. Aus dem Sud die Spreewaldsoße bereiten.

Dazu isst der Spreewälder Salzkartoffeln und Gurkensalat.

Spreewaldsoße

100 g saure Sahne	
100 g Schmand	
100 ml süße Sahne	verrühren und
2 EL Mehl	zum Andicken einrühren. Die Mischung dem Fischsud löffelweise zugeben. Die Soße zum Schluss verfeinern. Dazu
1 Eigelb	und
1 TL Mehl	miteinander verrühren und zur Soße geben. Den Hecht mit der Spreewaldsoße anrichten.

Grüner Hecht

Der Hecht ist der König unter unseren Süßwasserfischen. Die Hechte, die bei mir in die Pfanne kommen, stammen von Karl Winkelgrund von der Teichwirtschaft Stradow, einem der besten Fischer der Region.

2,5 kg Hecht	schuppen, ausnehmen und gründlich waschen. Den Hecht in dicke Scheiben schneiden und in einen passenden Topf geben. Anschließend
50 g Petersilie	
50 g Zwiebeln	und
30 g Schnittlauch	klein schneiden. In einem anderen Topf
50 g Butter	schmelzen, die klein geschnittenen Zutaten hineingeben, andünsten und in den Topf mit den Hechtstücken geben.
60 g Zitrone	in Scheiben schneiden, hinzufügen.
100 g Möhren	
50 g Sellerieknolle	und
50 g Porree	jeweils putzen bzw. waschen, ebenfalls klein schneiden und zum Hecht geben. Mit
Salz, Pfeffer	würzen.
500 ml Weißwein	aufgießen. Wenn vorhanden,
Fischbrühe oder Wasser	hinzufügen, so dass der Hecht bedeckt ist. 20 bis 25 Minuten köcheln lassen, dann die Hechtstücke herausnehmen. Für die Soße
30 g geriebene Semmel	
30 g Kapern	und
50 g Butter	zur Brühe geben (Zitrone und Gemüse bleiben in der Soße). Das Ganze noch einmal kurz aufkochen. Die Soße danach mit
2 Eigelb	binden, die Fischstücke wieder zugeben und servieren.

Dazu gibt es Petersilienkartoffeln und Gurkensalat.

Fischzeit im Spreewald

Lehde, 20.09.2016: Etwa 100 Besucher haben sich am Steg der Lehder Gaststätte Hirschwinkel eingefunden und warten auf die Ankunft der Fischer. Sechs Kähne mit einem Dutzend Fischern vom Verband der Spreewaldfischer Lübbenau und Umgebung e.V. haben sich am frühen Morgen auf den Weg in die Fließe rings um Lübbenau gemacht. »Ich sehe mich als Fischerin in Ausbildung«, erzählt eine glückliche Christiane Ringl, die am frühen Sonntagmorgen mit Alexander Kneisel auf Beutezug ging. In deren Netz zappelten drei große Hechte und zehn große Schleien neben den obligatorischen Beifängen.

Am Nachmittag legen nacheinander die Kähne an; in deren Fischkästen zappelt mal mehr und mal weniger Fisch. Als erstes legt der Kahn mit Günter Brandt, Maik Hoffrichter und Carsten Domschke an. Die Fänge präsentieren die Artenvielfalt im Spreewald. Viele Hechte, darunter ein 87 Zentimeter langer, viele kapitale Schleien und natürlich auch jede Menge Weißfische sind darunter. Fischer Andre Schneider hat in seinem Kescher beim obligatorischen Wiegen insgesamt 31 Kilogramm Fisch – den größten Fang des Tages. Der größte Hecht und der größte Zander des Tages (60 Zentimeter) zählen auch zu seinem Fangergebnis. Auch die an der Fischwoche teilnehmenden Nachbarorte Lübben und Burg sind durch Fischerkollegen, wenn auch nur als Zuschauer, vertreten. Siegmund Lehmann aus Burg: »Da kommt schon etwas Neid auf! Wir fangen ja auch nicht schlecht, aber was die Lübbenauer heute hier zeigen, ist jeden Respekt wert.«

Nachdem alle Fische in der großen Zinkbadewanne schwimmen, geht es an die Versteigerung der Fische. Sabine Hein aus Lübben ist die erste, die Scheine in die Box rascheln läßt. »Ich komme jedes Jahr hierher, so frischen Fisch bekommt man nirgends«, erzählt sie, als sie Hechte und Weißfische entgegennimmt. »Die Plötzen und Bleien bekommt man ja sonst nicht zu kaufen, Hecht schon mal eher«, ergänzt sie noch. Hecht in Spreewaldsoße will sie daraus machen, »ganz klassisch«. Nach ihr nimmt Anne Palisch die Gelegenheit zum Frischfischkauf wahr. Die Urlauberfamilie aus Sachsen will den Hecht noch am gleichen Abend in ihrer Pension in der Pfanne braten. Innerhalb der nächsten Stunde ist bereits ein Großteil des Fanges an den Mann oder die Frau gegangen. Unter den Zuschauern ein Rostocker Urlauberpaar, in Sachen Fisch durchaus sachkundig. »Eine erstaunliche Artenvielfalt und solch große Hechte ringen große Achtung ab«, erzählt Doris Kriemann, eine ehemalige Biologielehrerin.

Spreewaldfischer Herbert Konzack auf einem Leiper Fließ

Hecht, Zander und Co. aus den Fließen sind beliebte Speisefische.

Kleine Besonderheiten

Spitzwegerichbonbons

Dies ist mein persönliches Hustenbonbon! Es hilft bei allen Beschwerden »rund um den Hals«.

200 g Spitzwegerichblätter	verlesen, waschen und in 1 cm breite Streifen schneiden. Die Blätter in
500 ml Wasser	geben und 30 Minuten kochen. Durch ein Sieb in einen Topf gießen, die Blätter ausdrücken. Den grünen Sud mit
500 g Zucker	
25 g Traubenzucker	
20 g Butter	
1 TL Anis (gemahlen)	und
1 TL Fenchelsamen (gemahlen)	etwa 20 Minuten zu einem dickflüssigen Sirup einkochen. Ein Backblech mit Pergamentpapier auslegen, einfetten und den Sirup heiß daraufgießen. Vor dem Erstarren die Zuckermasse in Bonbongröße schneiden, trocknen lassen und in Zellglasfolie (Cellophanfolie) einwickeln.

Leinöl-Schmalz (100 Prozent pflanzlich)

Von Doris Schmidt aus Cottbus

125 ml Leinöl	in eine Schüssel geben und für 20 Minuten in den Kühlschrank stellen.
250 g Kokosfett (ungehärtet)	zum Sieden bringen.
2 große Zwiebeln	schälen, schneiden, im Fett anbräunen.
12 Knoblauchzehen	schälen, dazugeben und kurz garen. Dann abkühlen lassen und diese Mischung in das gekühlte Leinöl gießen, umrühren und im Tiefkühlschrank erkalten lassen. Später im Kühlschrank aufbewahren.

Gedünstetes Gemüse erhält dadurch eine kräftige Würze.

Knoblauchöl

Bei unserem Gemüsebauern Wilfried Baronick in Burg achte ich beim Einkauf darauf, dass die Knoblauchknollen fest und prall sind. Die Zehen unter der papierartigen Hülle dürfen nicht schrumpelig oder verfärbt sein. Ich kaufe Knoblauch nie in großen Mengen, da er bei der Lagerung an Qualität verliert.

3 – 4 Knoblauchzehen (ungeschält)	mit
je 1 Zweig Thymian, Rosmarin	
½ TL Pfefferkörner (weiß)	und
½ TL Pfefferkörner (schwarz)	in eine Flasche geben. Mit
500 ml Rapsöl	auffüllen nun 2 bis 3 Wochen gut verschlossen stehen und ziehen lassen.

Das Knoblauchöl ist gut zum Braten und Grillen sowie zum Verfeinern von Salaten geeignet.

Knoblauchessig

Knoblauch – König der Gewürze – das meinte auch Pythagoras, ein griechischer Philosoph. Knoblauch zählt auch zu den ältesten Kulturpflanzen im Spreewald. In meiner Spreewaldküche ist dieses Gewürz einfach unentbehrlich. Ich liebe den typisch scharfen und durchdringenden Geruch und auch den brennend würzigen Geschmack, der sich beim Kochen süßlich mild verwandelt. Ich zerkleinere den Knoblauch vor der Zubereitung grob, indem ich die geschälten Zehen mit Salz bestreue und mit der Breitseite des Messers zerquetsche. Zu Gerichten mit Knoblauch empfehle ich Rotwein. Auch etwas Petersilie nach dem Essen zu kauen, mildert garantiert den Knoblauchduft.

1 Knoblauchknolle	2 bis 3 Schalenhüllen von der Knolle entfernen, Knolle waagerecht halbieren, die Hälften vierteln.
1 Zweig Basilikum (frisch) oder 1 EL getrocknet	in eine Liter-Flasche geben.
750 ml Rotweinessig	auffüllen. Den Essig gut verschlossen 8 bis 12 Tage stehen lassen. Danach eventuell abseihen.

Ideal zum Verfeinern von Salaten.

Weidelandschaft bei Raddusch

Hagebutten-Äpfel-Konfitüre

800 g Hagebutten	waschen, dann Stiel und Blüte entfernen. Die Früchte halbieren und Kerne entfernen, nochmals waschen. In
250 ml Wasser	zugedeckt etwa 20 Minuten weich kochen. Die Hagebutten durch ein Sieb streichen und 500 g Hagebuttenmark abwiegen.
500 g Äpfel	schälen, Kerngehäuse entfernen, in kleine Stücke schneiden, zum Fruchtmark geben. Den Saft und die abgeriebene Schale von
1 Orange	mit
500 g Gelierzucker (2:1)	vermischen und unter ständigem Rühren zum Kochen bringen. 3 Minuten sprudelnd durchkochen lassen. Die heiße Konfitüre in vorgewärmte Gläser füllen, sofort verschließen und kurz auf den Deckel stellen (Kopfstand).

Passt hervorragend zu Wildgerichten.

Kräuteröl

Als Kräuter eignen sich:
Lavendel, Rosmarin,
Thymian, Basilikum.

Getrocknete Kräuterzweige mit Blättern und Blüten nach Wahl	in eine Flasche geben und mit
Rapsöl	auffüllen. Die Flasche verschließen und an einen dunklen Ort stellen. Nach 2 bis 3 Tagen ist das Öl bereits gut durchgezogen.

Kräutersalz

Getrocknete, zerkleinerte Wildkräuter	im Mörser zerstoßen, gröbere Pflanzenteile heraussieben. Mit
Salz	vermischen und in saubere Flaschen oder Gläser füllen. So kann das Aroma lange Zeit erhalten werden.

Als Kräuter eignen sich: Gundermann, Giersch, Thymian, Beifuß, Schafgarbe, Basilikum oder Rosmarin. Mit unterschiedlichen Kräutersalzen gewinnt jedes Gericht eine neue Geschmacksdimension.

Kräuteressig

Eine uralte Technik, um frische Kräuter haltbar zu machen.

Kräuter nach Geschmack	in eine helle Flasche geben.
Branntweinessig (10%ig)	auffüllen, die Flasche verschließen und an einen hellen Ort stellen.

Als Kräuter eignen sich: Liebstöckel, Salbei, Lavendel, Melisse, Ysop, Estragon, Dill, Bohnenkraut, Thymian. Aber immer nur zwei bis drei Kräutersorten zusammen verwenden!

Spreewälder Tomatenketchup

Für die Zubereitung mit einem Mixtopf, ausprobiert von Marion Siegel aus Cottbus

4 Knoblauchzehen	schälen,
500 g reife Tomaten	waschen, Tomatenauge ausschneiden,
100 g rote Paprika	Kerngehäuse entfernen, waschen,
1 Rote Beete	waschen, schälen, klein schneiden.
2 EL Leinöl	
1 EL Thymianblätter	Zutaten in einen Mixtopf geben und 3 Sekunden auf Stufe 5 zerkleinern, dann 3 Minuten bei 100 °C (auf Stufe 2) kochen.
Je ½ TL Zimt, Nelken	
1 TL Liebstöckel	
250 ml Weinessig	
1 EL Zucker	
je 1 TL Salz, Cayennepfeffer	
je 1 Zweig Rosmarin, Thymian, Estragon	dazugeben und 3 Sekunden (auf Stufe 2) dann 40 bis 50 Minuten kochen lassen bei 100 °C. Nun auf Stufe 4 pürieren, dann auf der schnellsten Stufe. In heiß ausgespülte Flaschen füllen und gut verschließen.

Lübbener Schloss

Blick über den Gahlener Dorfteich

Von der Kunst des Schoberbaus

Lehder Einwohner kämpfen gegen Versteppung und Wildwuchs und setzen sich für die Erhaltung der die Kulturlandschaft prägenden Heuschober ein.

»In jede Ecke kommt eine Mücke[1], etwa fuffzig tief und etwa fuffzig hoch über Grund!« Eine klare Ansage erlässt Günter Brandt an den Aufbautrupp, der sich am frühen Morgen am Bürgerfließ getroffen hat. Siegfried Stadelmayer, Mediziner in Lübbenau und Lehder Einwohner, greift zum Spaten und stößt tief ins torfige Erdreich. Peter Flinker, Zugezogener aus Mecklenburg, reicht die dicken Pfähle zu, die von den Einheimischen »Mücken« genannt werden und die Eckpfosten eines Schobergerüstes bilden. Er ist ohnehin auf Anleitung angewiesen, denn Schober kennt er aus seiner Heimat nicht. Günter Brandt greift anschließend zur Motorsäge und sägt Keile in die Mücken. »Gottseidank haben wir heute Maschinen – was müssen die sich früher gemüht haben!«, so das Lehder Urgestein. In die Keile kommt die Auflage für das Lattengerüst, damit das Heu später luftig und einigermaßen vor Hochwasser geschützt lagern kann. In der Mitte thront die Schoberstange. »Natürlich aus Esche, weil die sich leicht schälen lässt und auch schön glatt ist, damit das Heu nachrutschen kann«, ergänzt er noch.
Was die Lehder antreibt, ist die Liebe zu ihrer Heimat. »Wir wollen nicht zusehen, wie unsere Landschaft ihr Bild verliert. Gegen Überalterung der Landwirte und Grundstückseigentümer, verbunden mit Flächenaufgabe, können wir auch nicht viel tun, aber wir können die Bürgerstiftung unterstützen, die die Flächen gepachtet hat«, erzählt Arzt und Landschaftsschützer Siegfried Stadelmayer. Er organisiert im Auftrag der Bürgerstiftung Kulturlandschaft Spreewald ehrenamtlich die Entfernung von Wildwuchs, lässt die Uferränder mähen und schafft so Sichtachsen für die vorbeifahrenden Urlauberkähne. So eben auch am Bürgerfließ, unweit der Zeitzschleuse. Dass so etwas auch Geld

Nicht ganz ungefährlich: Schoberbau

Schoberbau ist Teamarbeit.

Schober prägen immer noch die Wiesenlandschaft um Lehde.

kostet, besonders für die Entlohnung der Hilfskräfte, liegt auf der Hand. So haben beispielsweise die Fährleute vom Lübbenauer Kleinen Hafen Wiesenaktien im Wert von 1000 EUR von der Bürgerstiftung erworben. Fährmann Siegfried Großmann: »Das war keine einmalige Aktion, wir werden das jährlich tun und so die Bürgerstiftung und letztlich auch die Lehder unterstützen.«

Schober müssen auch unterhalten werden, sonst geben sie bald ein kümmerliches Bild in der Landschaft ab, wie so manch' trauriges Beispiel beweist. »Wir haben mit den Wiesenpächtern vereinbart, dass mindestens zweijährig das Heu an unserem Schober ausgetauscht wird, damit es nicht zum Verfall kommt«, sagt Stadelmayer. Die alten Schober in der Nachbarschaft sehen zwar recht ärmlich aus, sind aber ein Rückzugsgebiet für Marder und Nutria. So gesehen sind auch sie nicht ganz ohne Bedeutung für die Natur.

Sobald Heu vorrätig ist, wird der neue Schober gesetzt. Dazu gehört auch wieder großes Wissen, damit der Schober später der Witterung standhält und nicht verblasen wird. Noch gibt es Menschen, die schobern können, die es von Kindheit an gelernt haben. Sie werden dann kunstvoll das Heu setzen, schön birnenförmig, glatt nach unten abgezogen. Die Birnenform lässt Regen abtropfen, der untere Bereich wird dadurch vor frühzeitiger Verwitterung geschützt.

Günter Brandt und seine Leute begutachten ihr Werk, legen zur Kontrolle noch mal die Wasserwaage an die Schoberstange. Schließlich wollen sie sich von den Einheimischen nichts nachsagen lassen. Motorsäge, Akkuschrauber und andere Gerätschaften packen sie zurück in den Kahn und treten die Heimreise an. Ihnen entgegen kommt schon der erste Touristenkahn des noch jungen Tages. Der Fährmann wird (hoffentlich) seinen Gästen die noch einsam in der Landschaft thronende Schoberstange erklären und (hoffentlich) auch auf die Arbeit der Spreewaldstiftung verweisen und auf solche Leute wie Stadelmayer und Brandt.

[1] In der Jägersprache sind Mücken die Gabelungen eines Geweihs.

Süßspeisen und Desserts

Buchweizenplinsen (ergibt etwa 8 Stück)

30 g Hefe	mit
40 g Zucker	
6 Eier	
350 g Buchweizenmehl	
150 g Weizenmehl	und etwas
Salz	in
1 l Milch	verrühren. Den Teig wie einen Hefeteig etwa 30 Minuten zugedeckt gehen lassen. Eine Pfanne mit
Leinöl	auspinseln und erhitzen. Den Teig in die Pfanne geben und von beiden Seiten goldgelb backen.

Zwiebackplinsen

12 Scheiben Zwieback	zermahlen und die Brösel in
500 ml Milch	erwärmen.
8 EL Mehl	
40 g Butter	
10 g Hefe	
2 Eier	und
40 g Zucker	dazugeben. Alles gut verrühren und den Teig gehen lassen. Die Plinsen portionsweise bei mäßiger Hitze in einer mit
Bratfett	ausgefetteten Pfanne auf beiden Seiten backen. Nach dem Backen immer zwei Plinsen mit
Marmelade	bestreichen und wie ein Butterbrot aufeinandersetzen.
Puderzucker	darüberstreuen.

Schnell gemacht im Alltag.

Evangelische Kirche in Burg

Restaurant »Kräutermühle« in Burg

Evangelische Dorfkirche in Schlepzig

Buttermilch-Plinsen

Im Spreewald war und ist die Milchviehhaltung aufgrund der klimatischen Faktoren sehr begünstigt. Bis in die 60er Jahre des vergangenen Jahrhunderts hinein – heute leider nur noch vereinzelt – war die Kunst der Käse- und Butterherstellung im Spreewald weit verbreitet. Butter stelle ich heute nur noch zu Feierlichkeiten und Festen her, denn ich benötige fast 25 Liter Rohmilch für ein Kilogramm Butter.

Von Charlotte Rissel aus Cottbus

400 ml Buttermilch	
400 ml Vollmilch	
1 Ei	miteinander vermischen.
200 g Mehl	
50 g Zucker	und
1 TL Backpulver	mit dem Schneebesen unterrühren und mit etwas
Salz	würzen. In einer Pfanne
1 EL Öl	erhitzen, jeweils einen Schöpflöffel Teig gleichmäßig darin verteilen und goldgelb backen.

Ausgebackene Holunderblüten

15 Holunderblütendolden	kurz unter Wasser abbrausen, auf Küchenpapier trocken legen.
100 g Dinkelmehl	mit
1 EL gemahlene Mandeln	
1 Pck. Vanillezucker	
1 EL Honig	und
3 Eier	zu einem dickflüssigen Teig rühren und, falls zu zäh, noch
3 – 4 EL Wasser	hinzufügen. Den Teig etwa 30 Minuten ruhen lassen.
1 l Öl	in einem Topf erhitzen. Die Holunderblüten am Stiel fassen und in den Teig tauchen. Portionsweise im heißen Fett hellbraun ausbacken. Sofort mit
Zucker	bestäuben.

Mit diesem Rezept bekommen Sie den Mai auf den Teller. Dazu passt Apfelmus.

Lübbener Plattenkuchen

Dieses Rezept stammt von Monika Baumgart aus Lübbenau, eine bekannte Reiseleiterin, die die Region in- und auswendig kennt. Mit den Lübbenauer Plattenbauten hat es aber nichts zu tun!

500 g Mehl	und
1 Pck. Backpulver	auf ein Küchenbrett sieben. Mit
150 g Butter	
250 g Zucker	
1 Pck. Vanillezucker	und
4 Eier	verkneten und den Teig etwa 1 Stunde ruhen lassen. Dann messerdick ausrollen und in Platten schneiden.
150 g Butter	zerlassen und die Platten damit bestreichen. Mit
Zimtzucker	bestreuen. Im Backofen bei 180 °C etwa 15 Minuten goldgelb backen.

Apfelklöße

Das Gericht stammt von Käthe Kuller, der Besitzerin einer großen Streuobstwiese im Spreewald. Eine von vielen leckeren Arten, die alten Apfelsorten zu nutzen!

10 mittelgroße Äpfel (ca. 2 kg)	im Backofen bei 200 °C etwa 30 Minuten braten und anschließend durch ein Sieb passieren. In einer Schüssel nun
100 g Butter	
125 g Zucker	
1 Pck. Vanillezucker	und
4 Eigelb	schaumig rühren.
100 g Semmelbrösel	und
1 EL geriebene Mandeln	unterrühren, dann alles zu den passierten Äpfeln geben.
4 Eiweiß	steif schlagen und unter den Teig ziehen.
1 l Weißwein	mit
1 Zimtstange	und
1 Vanillestange	zum Kochen bringen. Aus der Apfelmasse kleine Klößchen formen, in die kochende Flüssigkeit geben und etwa 10 Minuten köcheln lassen. Mit einer Schaumkelle herausnehmen und mit
1 EL Zimt	und
1 EL Puderzucker	bestreuen.

Mit gezuckerter Sahne oder Vanillesoße servieren.

Fallobst kann so schön sein!

Apfelküchlein mit Zimtzucker

6 Äpfel	waschen, schälen und ohne Kerngehäuse in etwa 1 cm dicke Scheiben schneiden. Den Saft von
1 Zitrone	auspressen, den Saft mit
4 cl Weinbrand	und
1 EL Zucker	vermischen, auf die Scheiben geben und etwa 20 Minuten zugedeckt in einer Schüssel ziehen lassen.
3 Eier	trennen, das Eiweiß steif schlagen, das Eigelb mit
3 EL Mehl	und
5 g Backpulver	zum Eischnee geben und vorsichtig verrühren. Mit
1 Pck. Vanillezucker	abschmecken und
125 ml Milch (nicht zu kalt)	untermischen. Die Apfelringe in den Teig tauchen und in
100 g Butter	von beiden Seiten goldgelb braten. Mit
Zimtzucker	bestreuen.

Mit Vanillesoße servieren.

Fastnachtskrapfen

Von Brigitte Koalick aus Werben

125 g Butter	schaumig rühren,
60 g Zucker	
4 Eier	
500 g Mehl	
1 Pck. Backpulver	dazugeben, vermischen und so viel
Milch	dazugeben, bis ein fester Teig entsteht.
Kokosfett	erhitzen. Mit einem Teelöffel Teig abstechen und im Fett auf beiden Seiten braun ausbacken. Dann herausnehmen und mit
Zucker, Zimt	bestreuen.

Dirk Paulick beim Reinigen der Siebe

Stephan und Dirk Paulick – zwei Müllergenerationen

»Euer Mehl bäckt!« – in Müschens Mühle mahlen Vater und Sohn

Seit über 125 Jahren stehen die Mühlräder nicht still, es singt, brummt und klappert, ein Geruch von Mehl liegt in der Luft. Dirk Paulick und sein Sohn Stephan führen die Müschener Wassermühle in der fünften und sechsten Paulick-Generation.

Dieser Singsang der Geräusche, einem vielstimmigen Orchester vergleichbar, lässt Dirk und Stephan Paulick mal Zeit für eine Pause im Hof – aber immer in Hörweite ihrer Ohren. »Wir merken sofort, wenn Misstöne dazwischengeraten und wissen meist auch schon, an welcher Stelle wir dann eingreifen müssen«, erklärt der junge Müllermeister. Beide bewältigen täglich dutzende Male die engen Stiegen zwischen den Etagen, mal mit, mal ohne Werkzeug oder Mehlsack. »Unser Fitnessprogramm«, lächelt Stephan Paulick. Er ist Jahrgang 1989 und schon genauso erfahren wie sein Vater Dirk (Jahrgang 1965). Stephan Paulick hat in Braunschweig das Müllerhandwerk erlernt und die Meisterprüfung abgelegt. Sein Vater ist »Facharbeiter für Be- und Verarbeitung pflanzlicher Produkte« (Mühlenindustrie), wie zu DDR-Zeiten etwas umständlich der Müller genannt wurde. Später studierte er an der Fachhochschule für Getreideverarbeitung. Beide setzen heute fort, was ihre Ahnen begonnen hatten.
Im Revolutionsjahr 1848 erhielt Müller Kerstan die gräfliche Erlaubnis, eine Mühle am Greifenhainer Fließ (Kzschischoka) zu errichten. Anfangs lief es gut, aber 1889 musste die Mühle Konkurs anmelden. Wilhelm Paulick übernahm die Mühle, musste aber 13 Jahre später ebenfalls einen Schicksalsschlag hinnehmen: Ein von ihm entlassener Müllergeselle setzte die Mühle in Brand, so dass sie neu und im heute bekannten Stil aufgebaut werden musste. Es folgte Jahre später noch der Anbau einer Öl- und Schälmühle und 1936 eine Generalsanierung der Mühlentechnik. Mit dieser Technik mühten sich die Paulicks bis zur politischen Wende. Kurz zuvor, 1988, hatten sie noch einen Still-

legungsbeschluss der DDR-Behörden zu verkraften. Denn denen war es zu viel Privatwirtschaft geworden. Umgesetzt wurde er aber nicht mehr, weil der Perestroika-Wind schon kräftig aus Richtung Osten wehte.
Wegen des Krieges wurde erst 1949 eine Francis-Turbine eingebaut, ihr Einbau war schon früher vorgesehen gewesen. Diese Turbine mit stehender Welle ersetzt das bekannte Wasserrad und erweist sich als viel effektiver. Dirk Paulick: »Noch heute arbeitet sie unermüdlich und ist unser Garant für ökonomisches Wirtschaften!« Was der Müller meint, ist die Tatsache, dass sie nur wenig Elektroenergie zukaufen, weil einige Maschinen stets mit der gleichen Leistung angetrieben werden müssen. Ansonsten surrt ein uralter Transmissionsantrieb mit zahlreichen Riemen und Wellen durch alle Etagen, allein durch Wasserkraft angetrieben. »Leider fließt es nicht immer so stetig, wie wir es uns wünschen. In Trockenzeiten wird durch illegale Wasserabnahmen der Mühlenbetrieb schon mal etwas ausgebremst«, ärgert sich der Müller. Aber er hält am alten Antrieb fest. Einfach auch deshalb, weil es zu seinem Konzept passt: Alternativ und ökologisch, regional und biologisch. »Nur so können wir der Billigkonkurrenz der Großmühlen widerstehen. Wir verarbeiten ausschließlich Bio-Getreide von zertifizierten Erzeugern der Region und beliefern die kleinen Handwerksbäckereien – für uns ist das eine regionale Wertschöpfungskette«, berichtet Dirk Paulick über seine Vermarktungsstrategie. Manche holen sich das Mehl auch im Mühlenladen ab, sie können dann aus 30 Sorten wählen, die in 16 Stufen gemahlen wurden – feiner geht es nicht, das letzte Sieb hat kaum sichtbare Maschen.
Das größte, wenn auch knappe Lob der Bäcker für den Müller ist: »Euer Mehl bäckt!« Der Müschener hält nicht mit einem Geheimtipp zurück: »Mehl bäckt nur dann richtig gut, wenn es eine Woche Zeit zum Lagern hatte. Nicht immer ist ganz frisch auch ganz gut!« Beide Müller sehen sich als Teil der regionalen Erzeugergemeinschaft, sie kaufen Getreide auf und verkaufen die Mehle und Schrote. Alles bleibt in der engeren und manchmal auch etwas weiteren Region. Sie haben ihren Platz gefunden und kämpfen sich durch, auch gegen die Backshops mit ihren Billigteiglingen aus Übersee. »Uns helfen Menschen, die immer besser verstehen, dass Heimisches gesund und letztlich umweltfreundlich ist. Schade nur, dass die Politik nur die Großen unterstützt«, so Müller Dirk Paulick.

Dirk Paulick regelt die Francis-Turbine.

Frisch gemahlen und fertig zur Abholung

Rosenblütenzauber

Frühlingswiese in Lehde

Rosenwasser für die Küche

100 g Duftrosenblütenblätter (gezupft)	die Hälfte der Rosenblütenblätter in eine Schüssel geben.
1 l Wasser	aufkochen, darübergießen. Etwa 1 Stunde ziehen lassen. Rosenwasser abseihen und aufkochen, die restlichen Rosenblätter dazu, wieder aufkochen, 1 Stunde ziehen lassen. Das Rosenwasser abseihen, aufkochen und in vorgewärmte Flaschen füllen, sofort verschließen.

Im Kühlschrank ungeöffnet mehrere Wochen haltbar – geöffnete Flaschen sind etwa eine Woche haltbar.

Rosenblütengelee

100 g Duftrosenblütenblätter	in einem Topf mit
500 ml Weißwein (trocken)	aufkochen, etwa 15 Minuten köcheln lassen, abgießen und den Sud auffangen. Den Rosenwein mit
500 g Gelierzucker (1:1)	aufkochen, unter ständigem Rühren etwa 5 Minuten sprudelnd kochen lassen.
50 ml Rosenwasser (Rezept siehe oben)	hinzufügen, in vorgewärmte Gläser füllen und sofort verschließen.

Rosenblütensirup

40 Duftrosenblüten	die Rosenblütenblätter abzupfen, Blattansatz mit der Nagelschere abschneiden, auf Insekten kontrollieren.
1 l Wasser	in einen Topf geben mit der Hälfte der Rosenblätter aufkochen, etwa 20 Minuten auf kleiner Flamme köcheln lassen. Dann abseihen, den Sud auffangen. Die restlichen Rosenblätter mit dem Rosensud aufkochen, wieder 20 Minuten köcheln lassen, abseihen, Sud auffangen.
1 kg Zucker	in den Rosensud geben, umrühren und aufkochen. In vorgewärmte Flaschen füllen, verschließen.

Kühl und trocken an einem dunklen Ort lagern.
Ungeöffnet ist der Sirup mindestens 1 Jahr haltbar.

Konfitüre aus Rosenblütenblättern und Beeren

Für 5 Gläser à 200 ml

100 g Duftrosenblütenblätter	davon zwei Drittel mit
300 ml Wasser	aufkochen und etwa 20 Minuten ziehen lassen. Den Sud abseihen.
500 g Beeren (z.B. Himbeeren, Brombeeren, Johannisbeeren)	in einen Topf geben.
500 g Gelierzucker (1:1)	sowie den Saft von
2 Zitronen	dazugeben. Den vorbereiteten Rosensud und die restlichen Rosenblätter hinzufügen. Alles zusammen aufkochen und etwa 5 Minuten sprudelnd kochen. Zum Schluss
50 ml Rosenwasser	unterrühren. In vorgewärmte, saubere Gläser füllen und sofort verschließen.

Gezuckerte Rosenblüten

4 Duftrosenblüten	am Morgen, bei Sonnenschein pflücken und auf Insekten kontrollieren.
1 Eiweiß	leicht schlagen und mit einem kleinen Pinsel die einzelnen Blütenblätter auf der Ober- und Unterseite bepinseln. Die Blütenblätter leicht mit
2 EL Zucker (fein)	bestreuen und 3 bis 8 Tage auf dem Kuchengitter trocknen lassen.

Gezuckerte Rosenblätter können in einem luftdicht verschließbaren Einmachglas mehrere Monate aufbewahrt werden.

Rosenblütenöl

1 Hand voll Duftrosenblütenblätter	in eine breitrandige, verschließbare Flasche füllen.
500 ml Rapsöl	aufgießen, verschließen. Das Öl 3 Tage an einem kühlen, dunklen Ort ziehen lassen, dann abseihen und in dunkle Flaschen füllen. Bewahren Sie die Flaschen an einem dunklen, kühlen Ort auf.

Zum Verfeinern von Blattsalaten.

Morgens am Leineweberfließ

Landschaft an den Burger Kaupen

Getränke

Gierschlimonade

10 Stängel Giersch	und
1 Ranke Gundermann	zu einem Kräuterstrauß binden. In
1 l Apfelsaft	hängen und etwa 3 bis 4 Stunden kühl stellen. Den Strauß herausnehmen und die Limonade servieren.

Maibowle

Dieses Getränk ist sehr belebend und nach Mahlzeiten verdauungsfördernd.

20 g Waldmeisterblüten und -blätter	
20 g Wacholderbeerblätter	
10 g Blätter der schwarzen Johannisbeere	und
10 g Gundermann-Blätter	in ein mäßig vorgewärmtes Bowlegefäß geben.
150 g Staubzucker	dazugeben und abgedeckt 2 bis 3 Stunden stehen lassen. Danach
3 l trockener Weißwein	darübergießen, nochmals 2 bis 3 Stunden ziehen lassen – dann filtern.

Veilchenbowle

Von Siegfried Fabeck aus Cottbus

1 Hand voll Veilchenblüten	Stiele entfernen, mit dem Saft von
2 Orangen	übergießen. Eine halbe Flasche von
2 Flaschen Weißwein	auffüllen, dann abdecken, kühl stellen und 2 Stunden ziehen lassen. Abseihen und mit
100 ml Zuckerlösung	vermischen und den restlichen Weißwein sowie
1 Flasche Sekt	zugeben.

Holunderblüten-Likör

Von Annett Metelka aus Luckau

Am ersten Tag

40 Holunderblütendolden	in
1,25 l Wasser	ziehen lassen.

Am zweiten Tag

600 g Zucker	
35 g Zitronensäure	dazugeben, ziehen lassen.

Am dritten Tag

2 Flaschen Korn	hinzufügen, den Ansatz in saubere, verschließbare Flaschen füllen.

Kirchplatz Lübbenau

Das Winterhochwasser geht zurück und lässt erstes Grün sprießen.

Schwäne auf dem Kossateich im Morgendunst

Kiefernzapfen-Likör

100 g weiche, grüne Kiefernzapfen	in Scheiben schneiden und in eine große Flasche füllen.
120 g Rohrzucker	darüberstreuen und den Ansatz einen Tag stehen lassen.
1 l Wodka	dazugeben und die Flasche verschließen. Nun 3 bis 4 Wochen an einem sonnigen Platz ziehen lassen und dabei gelegentlich durchschütteln. Anschließend filtrieren.

Zur Stärkung von Herz und Kreislauf.

Hagebutten-Likör

Von Ingrid Maske aus Forst

250 g Hagebutten	säubern, waschen und mit
1 l Rum	begießen, 2 Wochen an einen warmen Ort stellen.

Nach 2 Wochen

250 ml Wasser	mit
200 g Zucker	aufkochen und abkühlen lassen. Den Rum von den Hagebutten abgießen und mit dem Zuckerwasser mischen. In Flaschen füllen und gut verschließen, kühl stellen, nach etwa 4 Wochen ein absoluter Genuss – Prost!

Leiper Wintervergnügen – posen in Tracht für die Touristen

Walnuss-Likör

Von Siegfried Fabeck aus Cottbus

40 grüne Walnüsse	vierteln, in eine weithalsige Flasche füllen und mit
1,5 l Weingeist	übergießen. Für 2 Wochen an einen warmen Ort stellen, dabei die Flasche gelegentlich schütteln.
Nach 2 Wochen	Die Nüsse herausnehmen, den Alkohol mit
1 Zimtstange	
5 Gewürznelken	
1 Msp. Muskat	und der Schale von
1 Orange	versetzen, nochmals 1 Woche stehen lassen.
Nach 1 Woche	den Alkohol durchseihen.
500 ml Wasser	mit
400 g Zucker	5 Minuten kochen und abkühlen lassen. Den Alkohol mit der Zuckerlösung mischen. Nach 2 Tagen nochmals durchseihen, dann in Flaschen füllen und gut verschließen.

Holunderblüten-Sirup

30 Holunderblütendolden	
30 g Zitronensäure	in einen Topf geben.
3 Zitronen	
2 Limetten	in Scheiben schneiden, dazugeben.
1,5 kg Zucker	hinzufügen.
1,5 l Wasser (kochend)	über die Zutaten gießen, 2 Tage ziehen lassen, danach in saubere, verschließbare Flaschen füllen.

An einem kühlen Ort gelagert, ist der Sirup etwa zwei Jahre haltbar.

Zwiebelsirup gegen Erkältungskrankheiten

Von Ingrid Maske aus Forst

1 kg Zwiebeln	schälen, vierteln, in
2 l Wasser	mit
750 g Zucker	zum Kochen bringen und 2 Stunden köcheln lassen.
250 g Honig	dazugeben und 1 Stunde weiter köcheln lassen. Anschließend filtern und erkaltet in verschließbare Flaschen füllen.

Winterruhe auf Hagens Insel in Burg

Damen des Leiper Fördervereins zeigen das Leben mit dem Eis.

Nachstellung einer Ernteszene: Heimfahrt vom Feld

Löwenzahn-Sirup

Den Löwenzahn lernte ich zunächst unter den Namen Hundeblume und Pusteblume kennen. Diese Pflanze kann auf eine sehr lange Geschichte im Spreewald zurückblicken, denn sie wurde früher und wird noch heute als Heilkraut verwendet. Man findet den Löwenzahn in der Hausapotheke zur Anwendung bei Gicht, rheumatischen Erkrankungen und bei Verdauungsbeschwerden. Als Diabetikergemüse, aufgrund seines hohen Insulingehaltes, fand er Eingang in unsere Küche. Mein Geheimtipp ist der aus Löwenzahn zubereitete Salat, aber auch als gedünstetes Gemüse oder als Suppe ist Löwenzahn vor allem im Frühjahr eine Delikatesse. Er muss nach der Ernte rasch verzehrt werden.

250 g Löwenzahnblüten	vor 12 Uhr bei Sonnenschein ernten. Die Blütenblätter aus dem grünen Körbchen zupfen, da grüne Teile Bitterstoffe enthalten. Unter kaltem Wasser im Sieb abspülen. Mit
1 l Wasser	in einem Topf zum Kochen bringen, mindestens 12 Stunden stehen lassen, anschließend durchseihen. Den Sud mit
1 kg Zucker	
1 Zitrone	verrühren und aufkochen. Der Zucker muss sich vollständig auflösen. Den Schaum abschöpfen, er macht den Sirup trübe. Den Sirup heiß in vorgewärmte Flaschen füllen, sofort verschließen.

Baumpatenerntefest

Zwei Dutzend Erntehelfer sind angerückt, um ihre Obstbäume abzuernten. Die weiträumige Streuobstwiese, gepachtet von der Spreewaldstiftung, liegt an der Gemarkungsgrenze Burg, fern jeder großen Verkehrswege und Menschenströme. Unter den Erntenden ist die Vetschauer Familie Lehmann, natürlich mit entsprechend großen Pflückgefäßen. »Die brauchen wir heute nicht für unseren Baum«, erzählt Hans-Ulrich Lehmann. »Den haben wir das Jahr über genau beobachtet – aus zehn Blüten sind drei Äpfel geworden, die passen in die Hosentasche!« Sie haben stattdessen ihren Patennachbarn geholfen, die mehr Ernteglück hatten, und sie konnten sie dabei kennenlernen. Hans-Ulrich Lehmann hat den Baum im letzten Jahr zum Geburtstag von seiner Familie geschenkt bekommen. Christina Jank von der gleichnamigen Mosterei in Burg hat sich die Ernte angeschaut und sagt: »Wir sind froh, diese zusätzliche Quelle zu haben. Wir verarbeiten das Obst von hier gern und geben der Stiftung dafür eine Spende.« »Geld kann gut gebraucht werden«, bestätigt Holger Bartsch, Vorstandsvorsitzender der Stiftung. »Wir bezahlen für den sachgemäßen Schnitt und für weitere Pflegemaßnahmen. Dank unserer Baumpaten und der Spenden gelingt uns das schon recht gut, aber wir würden gern noch die restlichen Bäume vermitteln, um auf der sicheren Seite zu sein«, so Bartsch.

Nachdem sich alle Helfer am Grill und bei Apfelsaft gestärkt haben, geht es wieder ans Auflesen der zahlreichen Äpfel. Andrea Pursche von der Lübbenauer Touristinformation hat dabei rein technisch die Nase vorn: Mit ihrem Rollsammler toppt sie die Ergebnisse der anderen, und das rückenschonend. Michael Petschick von der Biosphäre schwingt sich immer wieder in die Kronen der höchsten Bäume und hat seine Freude am Rüttel-mich-schüttel-mich-Geschäft. Sein Chef, Eugen Nowak, zieht es vor, von unten mit der Stange die Äpfel aus den Bäumen zu holen.

Für angehende Baumpaten: Eine dreijährige Patenschaft kostet 90 Euro, das Obst gehört vollständig den Paten. Bewerbungen und mehr Information unter: Bürgerstiftung Kulturlandschaft Spreewald, Kirchplatz 1, 03222 Lübbenau/Spreewald, E-Mail: info@spreewaldstiftung.de

Obsternte auf einer Streuobstwiese bei Stradow

Gemeinsam geht es besser:
Obstpaten helfen sich gegenseitig.

Begriffserläuterungen

Abbacken / Ausbacken	Etwas in heißem Fett schwimmend backen.
Ablöschen	Das Angießen von scharf angebratenem oder geschmortem Fleisch oder Gemüse.
Abschmecken	Eine Speise mit den Grundgewürzen Salz, Pfeffer, Zucker usw. nach eigenem Geschmack würzen.
Andünsten / Anschwitzen	Ein Lebensmittel bei geringer Hitze in wenig Fett garen, ggfs. mit Deckel. Das Lebensmittel soll nur glasig werden, z.B. Zwiebeln.
Ausbraten / Auslassen	Den Speck so lange braten, bis das Fett herausgebraten ist.
Blanchieren	Zutaten in einen Topf mit kochendem Wasser geben und kurz köcheln lassen.
Garen / Köcheln	Eine Speise sollte nicht stark kochen. Die Hitzezufuhr muss so gedrosselt werden, dass nur ein leichtes Aufsteigen von Kochblasen zu sehen ist.
Gratinieren	Das Überbacken von Speisen.
Legieren	Ist das Binden und Verfeinern von Gerichten mit Eigelb. Das Ei oder Eigelb wird mit warmer Flüssigkeit vermischt und unter ständigem Rühren in die nicht mehr kochende Speise gegeben.
Karkasse	Aus dem Französischen: Carcasse für Gerippe. Karkasse nennt man das nach dem Tranchieren meist kleinerer Tiere zurückbleibende Knochengerüst samt eventuell anhaftender Fleischreste.
Marinieren	Ist das Einlegen von Lebensmitteln in eine gewürzte Flüssigkeit, um der Speise einen besonderen Geschmack und bessere Haltbarkeit zu verleihen.
Mehlschwitze	Traditionelles Bindemittel von Suppen und Saucen (Fett zerlassen und Mehl einrühren).
Parieren	Fleisch von Fett und Sehnen befreien.
Passieren	Flüssigkeiten durch ein Sieb oder Tuch geben.
Pürieren	Ein gares Lebensmittel wird stark zerkleinert. Früher war hierfür in vielen Haushalten die »Flotte Lotte« ein beliebtes Haushaltsgerät, z.B. um Apfelmus herzustellen.
Reduzieren	Flüssigkeit fast vollständig verkochen lassen (einkochen).
Stocken lassen	Das Garen von Eiern oder Eimasse, bei mäßiger Hitze im Topf oder Wasserbad, ohne dabei das Gargut umzurühren.
Wasserbad	Wird verwendet, um Speisen indirekt mit Hitze zu versorgen. Dabei wird der Topf mit den Speisen in einen anderen Topf mit heißem Wasser auf den Herd gestellt.
Zerlassen	Butter oder Margarine in einer Pfanne oder einem Topf bei mäßiger Hitze schmelzen, aber nicht braun werden lassen.
Zusammenschlagen	Den Teig kräftig nach innen durchkneten, um Luft einzuarbeiten.

Maße und Gewichte

1 gestr. EL Fett	15 g
1 gestr. EL Mehl	10 g
1 geh. EL Mehl	15 g
1 kleine Zwiebel	30 g
1 mittlere Zwiebel	50 g
1 große Zwiebel	70 g
1 kleine Kartoffel	70 g
1 mittlere Kartoffel	120 g
1 große Kartoffel	180 g
½ kg	500 g
1 kg	1000 g

1 Liter	1000 ml / 1000 ccm
¾ Liter	750 ml / 750 ccm
½ Liter	500 ml / 500 ccm
⅜ Liter	375 ml / 375 ccm
¼ Liter	250 ml / 250 ccm
⅛ Liter	125 ml / 125 ccm
1 TL	5 ml
1 EL	15 ml
1 Schnapsglas	20 ml / 2 cl
1 Tasse	150 ml

Abkürzungen

Msp.	Messerspitze
EL	Esslöffel
geh. EL	gehäufter Esslöffel
gestr. EL	gestrichener Esslöffel
TL	Teelöffel
geh. TL	gehäufter Teelöffel
gestr. TL	gestrichener Teelöffel
g	Gramm
kg	Kilogramm
ml	Milliliter
cl	Zentiliter
l	Liter
ccm	Kubikzentimeter
Pck.	Päckchen
°C	Grad Celsius
TK	Tiefkühlkost

Rezeptregister nach Kapiteln

Vorspeisen und Salate

Suppen und Eintöpfe

Bildquellennachweis

Seite 3: Edition Limosa GmbH;

Lizenzfreie Fotos: S. 8: alle; S. 9; S. 13; S. 16: alle; S. 21; S. 22: alle; S. 23: Mitte; S. 27: unten; S. 30: alle; S. 35: alle; S. 47; S. 49; S. 53: Mitte; S. 62; S. 64: alle; S. 66; S. 72: alle; S. 77; S. 80: alle; S. 84: alle; S. 87: unten; S. 93;

Alle übrigen Fotos stammen von Peter Becker.